KB274607

인생의 2막을 열어가는

성공형 인간

백필규 지음

한국경제신문

인생의 2막을 열어가는 **성공형 인간**

당신 삶의 제2막을 위하여

하루가 낮과 밤으로 이루어져 있듯이 인간 삶에도 밝은 면과 어두운 면이 공존한다. 따라서 우리는 절망과 희망, 기쁨과 슬픔, 행복과 불행 등이 교차하는 바로 그 지점을 끊임없이 넘나들며 늘 새로운 삶을 꿈꾼다. 하지만 꿈과 현실 사이에는 글자 그대로 '꿈'과 '현실' 만큼의 거리(距離)가 있다. 바로 이 '거리'를 지혜롭게 조율할 줄 아는 사람을 우리는 '성공형' 인간이라 부른다. 다시 말하면 성공형 인간은 '조율'과 '조화'를 통해 늘 새로운 삶으로 자신의 항로를 설정해 나간다.

　　2004년 우리 사회를 살아가는 평범한 사람들의 희망은 무엇일까? 우리 사회발전의 밑바탕을 이루는 희망의 싹이 무엇인지 알 수 있을 때 비로소 우리는 절망과의 거리를 효과적으로 유지할 수 있다. 삶이 자신을 속일지라도 슬퍼하거나 노여워하기보다는 좀더 새로운 삶과 희망을 찾아 떠나는 사람들! 바로 그 아름답고 소박한 '성공형' 삶의 전위에서 이 책은 그 향기로운 첫발을 내딛고 있다.

　　바야흐로 우리 사회는 이른바 신용불량자가 400만 명에 이르고 수십만 명의 청년 실업자가 일자리를 찾아 헤매는 사상 최악의 경기침체에 빠져 있다. 이 깊고 어두운 불황의 터널의 끝은 좀처럼 보이지 않고 삶의 터전을 잃은 많은 사람들이 갈 곳 몰라 하고 있다. 하지만 진흙 속에서도 연꽃은 피어나는 법. 이 책의 저자 백필규 박사는 그늘진 시대의 한켠에서 자기 삶의 제2막을 묵묵히, 그러나 열정적으로 준비하고 있는 사람들을 위해 새로운 성공을 향한 꼼꼼한 처방전을 제시한다.

　　그의 처방전에 따르면 성공이란 풍요한 물질이라기보다는 풍요한 정신에 가깝다. 또한 그는 자기 삶을 열정적으로 사랑할 수 있을 때 비로소 '성공형' 인간의 조건을 충족시킬 수 있다고 강조한다. 마치 아름다운 새 생명의 탄생을 위해 열 달 간 정성스러운 태교를 하듯, 새로운 삶을 위해 전진하는 사람들은 발걸음 하나하나에 정성과 열정, 그리고 사랑을 다해야 한다는 것이다. 그리고 그 발걸음 하나하나가 모여 강렬한 진보를 이루고, 또 그 진보가 하나하나 모여 깊고 어두운 질곡의 삶을 빠져나가는 강력한 추동력을 형성한다. 이 추동력이 바로 인생의 2막을 열어가는 '성공형' 인간의 필수조건임을 이 책의 저자는 다양한 사례를 통해 제시하고 있다.

이 책을 통해 독자들은 문득 잊고 있었던 자신의 삶과 조우하게 될 것이다. 그리고 어쩌면 당혹스러운 느낌마저 갖게 될지도 모른다. 성공은 늘 우리 주변에서 그 씨앗이 뿌려지고, 늘 우리의 열정과 희망 속에서 아름다운 결실을 맺는다는 진리를 새삼 깨닫게 될 것이다. 또한 이 책의 저자가 우리 사회 곳곳에서 캐낸 진주와도 같은 '성공형' 인간들의 삶을 들추어보며 경탄해 마지않을 것이다. 그리고 새로운 용기와 열정, 자기 삶에 대한 사랑으로 충만해질 것이다.

이 책의 마지막 장을 덮고 난 당신은 이미 삶의 아름다운 제2막을 준비하는 출발선상에 서 있는 자신의 겸허한 모습을 발견하게 될 것이다.

차례

제2장 | ## 나 자신을 열광시켜라

제3장 | ## 주변의 삶을 리모델링 하라

제4장 | '성공형' 인간의 지식경영 노트

제5장 | 창의적 발상을 통해 새로운 삶을 설계하라

1

삶의 제2막을 열어라

성공에 대한 고정관념을 버려라

당신이 행복하지 않다면
집과 돈과 이름이 무슨 의미가 있겠는가.
그리고 당신이 이미 행복하다면
그것들이 또한 무슨 의미가 있겠는가.
－라마크리슈나

회교 신비가인 파리드가 델리의 아크바르 왕을 찾아갔다. 마침 신에게 기도를 드리고 있는 왕을 발견한 파리드가 물었다.

"왕께서는 무슨 소원이 있으셨습니까?"

"내게 성공과 부, 그리고 장수(長壽)를 달라고 기도했소."

파리드는 곧장 궁성을 나서며 탄식했다.

"나는 왕을 만나러 왔는데, 정작 내가 만난 사람은 다른 걸인들과 다름없는 또 한 사람의 걸인에 불과하구나!"

돈은 행복과 어느 정도 관련이 있을까? 돈만 있으면 무엇이든 할 수 있다고 생각하는 사람에게 경제적 여유란 곧 성공의 지름길이다. 대체로 사람들은 물질적 풍요가 성공을 불러오는 중요한 요소가 된다고 생각하고 있다. 영국의 오스왈드 교수는 국민 9,000명을 대상으로 심리적 건강상태와 행복도에 대한 추적조사 결과를 실증적으로 분석해 '돈으로 행복을 살 수 있는가?'라는 논문을 발표한 바 있다. 이를 살펴보면 '돈으로 행복을 살 수 있고 스트레스를 낮출 수 있다'는 결론에 이르고 있다. 조사에 따르면 평범한 사람들은 5만 파운드(약 1억 원)가 생기면 일정 수준 행복감이 높아지고, 100만 파운드(약 20억 원)를 가지면 가장 높은 행복의 단계에까지 이르는 것으로 나타났다. "돈으로 행복을 살 수는 없다"는 옛 격언이 무색해진 셈이다.

그렇다면 질문을 하나 던져보자. 전세계 사람들을 대상으로 행복의 정도를 묻는다면 어느 나라 국민이 가장 높게 나올까? 돈으로 행복을 살 수 있다는 위 결과에 따른다면 미국이나 스위스, 캐나다 같은 나라가 되지 않을까?

그런데 1998년 런던정경대학(LSE)이 UN의 의뢰를 받아 54개 나라 국민들의 행복지수를 조사한 결과는 예상과 전혀 다르게 나타났다. 소득 최하위의 방글라데시가 1위를 차지했고 아제르바이잔, 나이지리아, 필리핀, 인도 등이 그 뒤를 이었다. 즉 가장 빈곤한 나라들의 국민이 행복도가 높은 것으로 나타났다. 반면에 스위스·독일·캐나다·일본·미국 등 선진국들은 모두 40위권에 머물렀다. 우리나라 국민이 느끼는 행복지수는 23위로 중간 정도의 순위에 그쳤다.

마음이 부자인 사람들의 성공법칙

이 같은 결과를 어떻게 해석해야 좋을까?

첫째, 돈이 행복의 필수조건은 아니라는 점이다. 물질적 풍요는 분명 행복을 위한 주요 요소이기는 하지만, 돈만으로는 진정한 행복을 얻을 수 없다는 사실을 위의 조사결과들이 시사해 주고 있다. 높은 행복지수를 보여주고 있는 제3세계 국민들은 가족·친구·이웃 등 끈끈한 인간관계에서 편안함을 느끼며, 이것이 곧 행복이라고 믿는다. 하지만 경제적 풍요를 누리고 있는 선진국은 사람과 사람 사이에 따뜻한 성서적 관계가 부족하고 지나친 경쟁 탓에 삶이 각박해지면서 점점 심리적 빈곤을 느끼고 있다고 할 수 있다.

둘째, 물질적 욕망은 좀처럼 충족되기 어려운 속성을 지니고 있다는 점이다. 오스왈드 교수의 연구에 따르면, 약 20억 원 정도를 갖고 있으면 가장 높은 행복의 단계에 이르는 것으로 나타났다. 이는 거꾸로 말하면 20억 원에 이르기 전까지는 충분한 만족을 얻을 수 없다는 것을 의미한다. 프린스턴 대학의 다니엘 카네먼 교수는 "수입이 늘어나는 만큼 인간의 욕망도 늘어나게 된다"며 "경우에 따라서는 수입보다 욕망이 더 빠르게 증가함으로써 결국 불행에 이를 수도 있다"고 주장한다.

미국의 로퍼여론조사연구소는 연간 1만 5,000~3만 달러의 수입을 벌어들이는 미국인들을 대상으로 설문조사를 실시한 바 있다. 즉 "자신의 모든 꿈을 이루는 데 얼마의 돈이 필요하겠느냐?"고 물었을 때 대상자의 22%가 "1년에 5만~6만 달러가 필요하다"고 응답했다. 반면 연간 5만 달러 이상의 고소득자들에게 동일한 질문을 던진 결과, 응답자의 39%는 "더 많을수록 좋겠지만 적어도 12만 5,000달러는 필요하다"고 밝혔다. 백만장자의 수준에까지 이르지 않는 한 인간의 욕망은 결코 멈추지 않는다는 것을 잘 보여주는 사례라고 할 수 있다. 하지만 백만장자 되기가 어디 쉬운 일인가? 나라마다 조금씩 차이는 있지만 대체로 백만장자의 비율은 전체 국민의 1% 이하에 불과하다. 따라서 백만장자를 인생의 목표로 삼고 있는 보통사람은 아주 오랫동안 행복해질 수 없을 듯하다.

셋째, 행복은 돈의 절대적 크기에도 영향을 받지만 다른 사람과 비교해서 얼마를 갖고 있느냐는 돈의 상대적 크기에도 적잖게 영향을 받는다는 점이다. 내가 아무리 많이 벌어도, 늘 남이 나보다 좀더 돈을 번다면 좀처럼 행복을 느끼기 어렵다는 것이다. 오스왈드 교수의 연구에서도 "개인의 행복은 자신의 부와 비례하는 반면, 다른 사람의 부와는 반비례한다"는 주장을 실증적인 데이터를 통해 입증하고 있다. 빈곤국에서는 본격적인 경제개발을 하기 전에는 국민의 행복지수도 높고 사회적 갈등도 별로 크지 않았다. 그러다가 경제개발이 진전되면서 전체적으로는 소득이 향상되는데도 불구하고 가진 자와 못 가진자의 격차가 벌어지면서 사회적 갈등이 심화되고 행복감이 낮아지는 것은 이러한 상대적 박탈감에 기인한 바 크다. '사촌이 땅을 사면 배가 아프다' 는 우리나라의 속담은 우리 민족만의 고약한 질투가 아니라 인간 고유의 보편적인 정서를 반영하고 있는 셈이다.

이상의 이야기를 정리하면 돈과 관련해 행복해질 수 있는 조건은 다음과 같다.

행복을 위해서는 일정한 자유를 보장할 수 있는 경제적 여유와 함께 따뜻한 정서적 인간관계를 갖고 있어야 한다. 돈에 대한 지나친 욕심은 적절한 수준에서 자제해야 한다. 갖고 있는 돈의 크기에 관해서는 남과 비교하지 않는 것이 좋다.

당신은 이 같은 조건에 얼마나 부합되고, 얼마나 부합시킬 수 있는가?

02

누구나 성공을 꿈꾼다, 하지만
누구나 '성공형' 인간을 꿈꾸지는 않는다

새로운 것과 마주치는 훈련이 필요하다.
가능한 자주 새로운 것과 접하는 시간을 갖자.
그리고 처음 해보는 것이면 그것이 무엇이든 일의 종류는 상관없다
— 데이비드 바움

세상에는 성공을 바라는 사람도 많고 성공의 방법을 제시하는 성공학 책도 넘쳐나는데, 성공하는 사람은 왜 소수인가?

경쟁에서의 승리를 성공으로 정의한다면 성공하는 사람은 당연히 소수일 수밖에 없을 것이다. 무릇 경쟁이란 한정된 파이를 놓고 누가 더 많이 가질 것이냐를 다투는 게임이기 때문이다.

경쟁에서 승리하려면 다음 세 가지 조건을 충족해야 한다.

첫째, 목표가 분명해야 한다. 목표를 뚜렷이 세우지 않은 채 우왕좌왕 갈팡질팡한다면, 이루는 것은 적은데 육체적·정신적으로

는 매우 피곤해진다. 자신의 능력을 가장 잘 발휘할 수 있는 구체적인 목표를 정하면 쓸데없는 노력의 낭비를 막고 성과를 최대화할 수 있다.

둘째, 실천이 뒷받침되어야 한다. 제아무리 뛰어난 목표를 설정했다 하더라도 그 실현을 위해 노력하지 않는다면 어떤 성과도 기대할 수 없다.

셋째, 목표와 실천을 조화시킬 수 있는 전략이 있어야 한다. 성공을 꿈꾸는 사람은 누구나 나름대로 목표를 세우고 일정한 노력을 기울인다. 하지만 대부분 자신의 목표에 대해 주먹구구식 접근을 한다. 노력 대비 성과를 최대화할 수 있는 세련된 목표 설정과 실천을 모색할 수 있다면 성공의 확률은 크게 높아질 것이다.

성공은 전략과 실천이 빚어낸 종합 예술품

자신에게 꼭 맞는 목표를 세우는 사람은 몇 퍼센트나 될까? 1953년 미국 예일 대학교에서는 졸업생을 대상으로 다음과 같은 조사를 실시했다. "현재 당신은 구체적인 목표를 글로 써서 소지하고 있습니까?" 이 같은 질문에 졸업생 중 단지 3%만이 "그렇다"고 응답했다. 나머지 97%의 졸업생은 "그저 인생의 목표에 대해 생각만 하고 있다", "사회에 나가 어떤 일을 하고 싶은지 잘 모르겠다"고 응답했

다. 그로부터 20년이 지난 후 예일 대학교측은 1953년 졸업생을 대
상으로 이들의 성공 여부(경제적인 부유 정도)를 다시 조사했다. 여기
서 놀라운 사실이 밝혀졌다. 졸업 당시 인생의 목표를 글로 써서 갖
고 있었던 3%가 그렇지 않았던 97%의 사람들보다 경제적으로 훨
씬 더 풍요한 생활을 하고 있는 것으로 나타났다.

자신이 세운 목표를 실천에 옮기는 사람은 얼마나 될까? 독서를
통해 배우고 느낀 것을 실천에 옮기고자 노력하는 사람은 약 10%
정도라고 한다. 또 흡연자 중 매년 금연을 시도하는 사람 또한 10%
가량에 그친다고 한다. 이 같은 사실들로 미루어볼 때 자신의 목표
를 실천에 옮기는 사람들의 비율도 대략 10% 정도일 것이라고 추
측해 볼 수 있다.

그렇다면 올바른 전략을 바탕으로 목표를 설정하고, 이를 실천
하는 사람들은 얼마나 될까? 이들은 당연히 성공한 사람들이다.

다시 금연의 경우로 돌아가보자. 흡연자 중 마침내 금연에 성공
하는 사람의 비율은 1%에 그친다고 한다. 따라서 목표를 갖고 시도
하는 사람들 중 1%만이 성공의 반열에 오른다고 할 수 있다.

성공이란 이런 것이다. 목표와 실천과 전략이 종합적으로 어우
러져 비로소 모습을 드러내는 예술품인 것이다. 이 세 가지를 동시
에 갖춘 사람은 그리 많지 않다. 그래서 이 세상엔 성공한 사람보다
는 성공하지 못한 사람이 훨씬 많다.

그러나 뒤집어 생각해 보면 성공하기란 그리 어렵지 않을 수도 있다. 다른 사람이 목표를 세우지 않고 있는 동안 나는 묵묵히 목표를 세운다. 남이 아무 생각 없이 하루하루를 보내고 있을 때 나는 조금 힘들 때도 있지만 목표를 실행에 옮겨본다. 목표를 설정하고 실행에 옮길 때 이미 성공을 거둔 사람들의 조언에 귀를 기울이고, 실패한 사람들의 경험을 교훈 삼아 나만의 성공전략을 생각해 본다. 이렇게 한다면 성공은 확실한 것이 아닌가?

남이 모두 하고 있는 일이라면 성공하기 어렵지만 남이 하지 않고 있는 일이라면, 그거야말로 바로 성공을 거둘 수 있는 이른바 '대박'의 아이템이 아니겠는가?

03

'성공형' 삶을 위해
나만의 장점을 '리필'하라

당신의 능력에 맞는 꿈을 갖게 해달라고는 기도하지 말라.
꿈에 맞는 능력을 갖게 해달라고 기도하라.

— 필립 부르크스

"성공할 수 있다고 생각하는가?"

이렇게 물으면 사람들은 대부분 고개를 갸우뚱하며 자신 없는 태도를 보인다.

'타고난 능력이 별로 없어서….'

'주변에 나를 끌어줄 만한 인물이 없어서….'

'그 분야에 대해 아는 게 별로 없어서….'

'이제 너무 나이가 많아서….'

이처럼 소극적인 생각을 하고 있는 사람은 자기 자신과 진지하게 대화할 수 있는 시간을 갖도록 하자. 사나흘쯤 홀로 여행을 떠나도 좋고, 자신의 방문을 걸어 잠근 채 하루쯤 칩거를 해도 괜찮겠다. 누구에게도 방해받지 않는 환경에서 차분하게 자신을 점검해 볼 수 있는 시간과 공간만 확보할 수 있으면 충분하다.

그러고 나서 빈 노트 한 권과 볼펜 하나를 준비한 다음 생각에 잠겨본다.

먼저 내가 갖고 있는 장점 20개를 적어본다.

'20개씩이나? 한두 개 떠올리기도 쉽지 않을 텐데…' 라며 물끄러미 앉아 있는 사람도 있을 것이다. 그러나 차분히 생각해 보자. 지금껏 살아온 세월의 기억을 잔잔하게 되살려가면서 아무리 사소한 것이라도 내치지 말고 꼼꼼히 기록해 보자. 뜻밖에 많은 장점들을 이끌어낼 수 있을 것이다.

'흠, 나는 상사와는 잘 지내지 못하지만 동료나 후배 들 사이에서는 그런 대로 인기가 있는 편이야.'

'내 비록 가진 돈은 그리 많지 않지만 늘 절약하면서 살겠다는 생각을 하고 있지.'

'오, 그래! 학교 다닐 때 혹시 몰라 따두었던 공인중개사 자격증도 있구나!'

'지방대를 나온 탓에 서울에는 아는 사람이 별로 없지만, 그래도 내 고향에선 알아주는 마당발 아닌가!'

아마도 이 작업에 재미를 붙인 사람은 20개가 아니라 50개까지 쓸 수 있을지도 모른다. 이처럼 자신을 되돌아보는 경험을 통해 우리는 평소 생각과는 달리 자신이 꽤 많은 장점을 갖고 있다는 사실에 놀라는 한편, 스스로를 대견하게 여길 수도 있을 것이다.

이제 새롭게 발견된 장점을 살려 무엇을 할 수 있을지 생각해 보자. 하나하나의 독립된 장점만으로는 할 수 있는 일이 잘 떠오르지 않을 수도 있다. 하지만 각각의 장점들을 서로 연결하다 보면 할 수 있는 일이 분명 한두 가지는 생기게 마련이다. '구슬이 서 말이라도 꿰어야 보배' 라고 하지 않던가?

장점과 장점을 결합해 '시너지'를 키운다

40대 중반의 나이에 보험회사에서 구조조정을 당하고는 갈 곳이 없었던 김광호씨. 그는 자신이 정말 보잘것 없는 존재라는 생각에 몹시 힘든 나날을 보냈다. 그러나 가장으로서 생계를 위해 어떤 일이든 해야 할 절박한 상황이었기에, 그는 처음부터 다시 자신의 장점이 무엇인지 찾아보기로 했다.

그 결과 보험영업을 하면서 사람들과 비교적 잘 사귈 수 있었던 남다른 사교력과 영업소장 시절에 접대를 위해 익힌 골프 실력이 자신의 가장 큰 강점이라는 사실을 깨달았다. 그는 이 두 가지 장

점을 접목, 인생의 성공을 골프에 비유해 강의하는 '골프 성공학'
강사가 되겠다고 결심했다. 처음에는 무료강의를 하겠다고 청해
도 거절당하는 등 많은 우여곡절을 겪었다. 하지만 이에 좌절하지
않고 피나는 노력을 거듭함으로써 이제는 그의 강의를 듣기 위해
서는 몇 달 전에 예약을 해야만 하는 인기강사로 변신했다.

그렇다! 성공이란 이처럼 자신도 잘 몰랐던 자신의 가능성을 발
견하는 것으로부터 시작된다. 자신의 능력으로 뭔가를 할 수 있다
는 가능성을 확신할 수 있을 때 비로소 목표를 향한 첫발을 내딛을
수 있을 것이 아닌가?

우리는 자신을 너무 모르고 있다. 터무니없이 자신을 과대평가
하는 돈키호테도 문제이지만, 커다란 잠재적 능력을 갖고 있는데도
할 수 있는 것이 거의 없다고 생각하는 것 또한 더 큰 문제다.

자, 이제 소극적인 생각과 쓸쓸한 감정에서 벗어나 자신의 무한
한 잠재적 가능성을 발견하기 위해 '자기 발견' 여행을 떠나보면
어떨까?

04

삶이 나를 속일지라도
슬퍼하거나 노여워 말라

미래가 두려운가? 당연하지!
하지만 더욱 흥미로운 삶을 누릴 수 있는 절호의 기회이기도 하지!
— 톰 피터스

만일 당신이 억울한 살인죄의 누명을 쓰고 차가운 감방에 갇혀 있다면? 사업을 하다가 채권자의 협박에 견디다 못해 도망치듯 일상에서 이탈해 노숙자의 신세가 되고 말았다면? 사채업자에게 빌린 돈을 갚지 못해 신체포기 각서를 쓰는 등 가혹한 폭력에 시달리고 있다면?

그토록 앞만 보고 가파른 마음으로 살아왔건만, 어느 날 갑자기 시한부 인생을 통보받았거나 치료법을 알 수 없는 희귀병 진단을 받고는 남은 삶에 깊은 상처를 새겨야 한다면?

굶주림과 전쟁의 공포 속에서 기약없는 날들을 살아가야만 하는 이라크 현지 주민이라면?

잠시 책장을 덮고 자신을 둘러싼 현재의 삶을 겸손하게 돌아보라. 적어도 앞에서 살펴본 환경보다는 낫지 않은가?

지금 이 순간 자신에게 닥친 현실이 몹시 괴롭다 하더라도 나보다 훨씬 불우한 형편을 견디고 있는 사람들을 떠올리면, 조금이나마 위안받을 수 있지 않을까?

물론 고급 승용차를 타고, 명품 쇼핑을 즐기며, 언제든 골프 가방을 메고 해외여행을 떠날 수 있는 운 좋은 사람들도 세상에는 많다. 이 같은 부자들을 마주하고 있노라면 무엇 하나 뜻대로 되지 않는 자신의 삶에 긴 한숨과 좌절을 다시 한번 얹게 될지도 모른다. 그러나 경제적으로 여유가 있다고 해서 반드시 행복한 삶을 보장받는 것은 아니다.

인간의 삶이란 늘 변하게 마련이다. 돈이 많은 사람은 그만큼 걱정거리도 많다. 늘 운이 따르고 좋은 일만 있었던 사람도 갑작스런 교통사고를 당해 하루하루를 고통 속에서 보내야 하는 경우를 맞이할 수 있다.

나쁜 일만을 염두에 두자는 것이 아니다. 지금 현실이 너무 괴로워서 의기소침해질 때, 해야 할 일이 너무 벅차고 힘들어서 그만 모든 것을 놓아버리고 싶을 때 한번쯤 최악의 상황을 머릿속에 그려

보자는 것이다. 절망의 그늘을 견디고 있는 사람들에게 도움이 될
만한 몇몇 이야기를 소개한다.

희망은 성공의 다른 이름이다

석회화가 진행되면서 온몸이 돌덩어리처럼 굳어가는 희귀병과 싸
우고 있는 박진식 시인. 입에 펜을 문 채 수를 놓듯 한자 한자 컴퓨
터에 입력해 서른넷 나이에 발간한 시집 《흐르는 눈물을 스스로 닦
지 못하는 사람이 있다》에서 그는 "아무리 참담한 현실에 처해 있
을지라도 살아 있는 한 꿈을 버리지 말 것"을 아름답게, 그리고 확
신에 찬 어조로 노래한다.

그가 이 가혹한 불치병을 앓기 시작한 것은 여덟 살 무렵이었다.
별 다른 이유 없이 어느 날부터인가 하체가 점점 뻣뻣하게 굳어가
면서 급기야 초등학교 4학년에 이르러 한쪽 다리를 심하게 절게 되
었다. 초등학교를 졸업하고 나서는 몸 안의 석회가 이곳저곳 살을
뚫고 터져나오면서 살과 뼈와 뒤엉킨 석회를 긁어내야 하는 상상하
기 힘든 고통을 견뎌야 했다.

석회화는 차츰 폐와 심장까지 위협하며 이미 몸의 30%를 마네킹
처럼 굳게 했고, 뚜렷한 치료방법을 찾지 못한 의사들은 그가 스무
살을 넘기지 못할 것이라고 단정 지었다. 하지만 그는 내일 당장 자

신에게 어떤 불행이 닥친다 해도 적어도 오늘만은 무엇인가를 해야
한다는 신념으로 영어와 한문을 공부하고 시를 쓰기 시작했다.

그렇게 하루하루를 성심껏 준비한 그는 2년 동안 아름답고 청년
정신 가득한 54편의 시를 세상에 펼쳐낼 수 있었다.

"눈물이 앞을 가리지만, 분명 내게는 두 손이 있지만 내 눈물조
차 스스로 닦을 수 없다"는 그의 문장 앞에서 우리는 정녕 어떤 생
각을 할 수 있을까? 삶이 너무 버겁다고 생각될 때, 하는 일마다 안
되고 하루하루를 견뎌내기가 힘겨울 때, 그리고 삶의 엄혹한 무게
에 짓눌려 차라리 이 세상을 버리고 편안한 곳으로 떠나버리고 싶
은 유혹을 느끼는 사람들에게 박진식 시인은 다음과 같이 위로해
주고 싶어하지 않았을까?

"절망은 희망의 다른 이름일 뿐입니다. 내일이 아니라 바로 오
늘, 바로 이 순간의 자신에게 온전하게 위안받아야 할 것입니다."

 **소박한 삶이 전하는 성공통신**

살아가면서 단 한 번도 희망을 놓은 적은 없다

한 발자국 뒤로 물러서면

절벽 아래로 떨어질 상황이었을 때도

나는 한 번도 희망을 놓은 적은 없다

살아가다 보면 더없이 아름다운 세상을

만날 수 있을 거라고 고집스럽게 믿었다.

돌아보면 사방이 꽉꽉 막힌 벽이었을 때도

잠시 숨을 멈추고 기다렸다

벽이 열릴 때까지

하늘은 스스로 돕는 자를 돕는다고 외치면서

나는 자꾸만 자꾸만 살고 싶다

– 5일장 떠돌이장수 안효숙의 희망통신, 《나는 자꾸만 살고 싶다》 중에서

남편의 술주정에 어느 날은 얼굴이 바위만큼 커지고 어느 날은 온몸에 파란 멍을 들여야 하는 악몽 같은 나날의 연속….

IMF 외환위기를 맞이해 겨우겨우 꾸려가던 가게마저 부도가 나고, 어떻게든 아이들과 함께 살아가겠다는 희망으로 무작정 홀로 서울에 올라와 식당에서 날품을 팔고, 거리에서 빵을 구워 팔고, 밀리는 차량 행렬 틈바구니에서 면도기를 팔고…. 갖은 고생을 다 하다가 마침내 5일장을 찾아 전국을 떠돌며 싸구려 화장품 행상으로 나선 안효숙씨.

고된 노동을 마치고 돌아와 새근새근 잠든 아이들의 숨결에 뺨을 대며 하루의 피곤을 씻던 그녀는 살아가는 무늬들로 가득한 장터에서 빚어내는 진솔한 풍경들을 소박한 필치에 담아냈다. 그녀의

희망통신은, 무거운 삶의 짐을 지고 가는 사람들에게는 용기를, 각박한 세상살이에 마음마저 메말라버린 사람들에게는 한번쯤 자신의 발자취를 돌아보게 하는 따뜻함을 전해준다.

성공은 영원한 희망을 향한 아름다운 탐험

탐험가 어니스트 새클턴 일행은 남극점 정복을 150km 앞둔 채 빙벽에 갇혀 배가 난파되고 죽음 일보 직전의 상황을 맞게 된다. 하지만 새클턴은 거의 2년에 걸친 처절한 사투 끝에 마침내 단 한 명의 희생자도 없이 모든 대원을 구조하는 데 성공한다. 대체 어떤 힘이 이처럼 기적과도 같은 감동을 이끌어낼 수 있었는지, 새클턴의 도전정신과 열정의 리더십을 한번 들여다보자.

1914년 1월, 남극대륙 횡단이라는 원대한 꿈을 안고 새클턴이 이끄는 '인듀어런스(Endurance)' 호가 사우스조지아 섬을 출발했다. 그러나 1,600km 이상을 항해하며 목적지를 코앞에 둔 상황에서 배는 옴쭉달싹못한 채 얼음에 갇히고 만다. 시속 300km를 웃도는 살인적인 바람과 영하 70도의 강추위가 몰아치는 빙해(氷海)에 고립된 것이다. 타고 온 배는 바다 속에 침몰하고 허기에 지쳐 데리고 갔던 강아지까지 식량으로 삼아야 하는 극한 상황 속에서 무려 500일 동안 표류해 간신히 도착한 곳은 무인도 엘리펀트 섬. 그러나 그 곳 또한 안전한 장소는 아니었다.

그들에게 남아 있는 것이라곤 작은 배 한 척과 약 한 달치 식량이 전부였다. 구조를 요청하기 위해서는 그 곳에서 무려 1,000km 이상 떨어진 사우스조지아 섬까지 목숨을 건 항해를 다시 감행해야만 했다. 새클턴 탐험대장은 대원 5명을 추려 목숨을 건 구조요청에 나서기로 결심한다. 6m 길이의 배 한 척에 의지해 시속 100km의 바람과 20m 높이의 거대한 파도가 위협하는 바다를 지나, 해발 3,000m에 이르는 얼음산을 넘어 천신만고 끝에 사우스조지아 섬에 도착했다. 결국 27명의 모든 대원을 무사히 구조하는 데 성공한 새클턴은 당시의 일을 다음과 같이 회상한다.

"엘리펀트 섬과 사우스조지아 섬 사이의 폭풍이 몰아치는 바다에서, 그리고 사우스조지아 섬 내륙의 이름 모를 얼음산을 오르는 동안 나는 또 다른 누군가가 우리와 함께 있는 듯한 기분이 들었다. 훗날 대원들에게 내 느낌을 얘기하자 그들도 나와 똑같은 감정을 느꼈다고 말했다. 그 힘들고 어려웠던 고난의 시간 동안 하느님이 우리와 함께 동행하시고 이끌어주셨음을 난 믿는다."

만약 당신이 위와 같은 상황을 맞이했다면 어떤 마음으로, 어떻게 행동했겠는가? 귀환의 희망은 어디에도 보이지 않는데 살인적인 추위와 굶주림에 직면해 있다면? 생각만 해도 아찔하고 견뎌내기 어려운 상황에서 제대로 도전조차 해보지 못한 채 낙담한 나머지 제풀에 쓰러졌을지도 모를 일이다. 그러나 새클턴의 도전정신을 믿고 따른 대원들은 인간의 한계를 시험하는 모든 제약조건을 훌륭히 극복하고 무사귀환의 기쁨을 만끽했다. 삶에 대한 긍정적 태도와 뜨거운 열정이 있었기에 가능한 일이었다.

하루하루의 삶을 둘러싼 의식 주변에 비관과 부정의 어두운 모습이 드리워진다고 생각되면 종종 박진식 시인이나 희망통신의 전령사인 안효숙씨, 그리고 탐험가 새클턴의 삶을 향한 뜨겁고 긍정적인 미소를 떠올려보라. 이를 통해 당신은 다시금 자신의 삶에 '열정'을 지필 수 있는 아름다운 불씨들을 간직하게 될 것이다.

 ●●● 05

당신 삶의 2막을 열어라

 불혹(不惑)의 나이, 흔들림 없는 뜨거운 도전

정문술 사장이 사업을 시작한 것은 43세. 원광대학교 종교철학과를 졸업한 그는 중앙정보부에 특채되어 18년 간 근무한 후 강제퇴직을 당하고 말았다. 사업을 시작하자마자 사기를 당해 퇴직금을 날리는 시련을 겪기도 했던 그는 반도체 장비업이라는 첨단기술 분야에 도전했다. 무려 18억 원이나 투자한 제품개발이 뜻대로 이루어지지 않아 한때 자살을 생각하기도 했던 정 사장은 혼신의 열정을 다한 노력 끝에 마침내 '성공'을 일구어냈다. 그는 전문경영자에게 경영권을 이양하고 명예롭게 퇴진한 후에도 한국과학기술원(KAIST)에 300억 원의 사재를 기부하는 등 한국 벤처기업의 대부로서 왕성한 활동을 펼치고 있다.

옷 벗으면 곧바로 굶어죽는다는 공무원 출신. 비즈니스 업계에서는 환갑을 넘긴 나이라고 할 수 있는 40대 중반에 시도한 창업. 전공이나 경력상의 경험과는 전혀 관계없는 반도체 장비업이라는 첨단기술 분야에 대한 뜨거운 도전….

당신은 정문술 사장의 인생 여정에 대해 어떤 충고를 해주고 싶은가? 혹시 그를 비웃거나 허황된 꿈에서 빨리 깨어날 것을 주문해온 것은 아닌가?

 나이 오십에 이립(而立)한 아줌마의 '힘!'

평범한 가정을 꾸려왔던 한 50대 주부가 '인터넷 가게'를 차렸다. 일본식품 전문 쇼핑몰 '오이시이 페이지(www.52sii-page.com)'를 운영하는 안경옥씨가 바로 그 주인공이다. 안씨는 인터넷 쇼핑몰을 운영하기 전까지만 해도 컴퓨터의 전원조차 켤 줄 모르는 이른바 컴맹이었다. 그런 안씨가 인터넷 쇼핑몰을 열게 된 계기는 교환학생 자격으로 일본에 1년 정도 다녀온 그녀의 아들이 집에서도 일본 음식을 먹고 싶다고 하면서부터다.

안씨는 아들이 원하는 일본 음식을 만들어주기 위해 재료를 구하러 이곳저곳 다리품을 팔며 돌아다녔지만, 원하는 재료를 살 만한 곳이 그리 마땅치 않았다. 또한 어렵게 찾은 일본 식품점에서 판매하는 식자재 가격이 생각보다 비싸다는 사실도 알게 되었다.

여기에서 문득 반짝이는 아이디어를 얻은 안씨는 자신이 직접 일본 음식 재료를 공급해 보겠다는 결심을 하기에 이른다. 사업 초기엔 웹 프로그래머인 아들의 도움을 받아 인터넷 쇼핑몰을 운영했지만 현재는 인터넷 뱅킹에서부터 디지털 카메라로 팔고 싶은 제품의 사진을 찍어 쇼핑몰에 올리는 일에 이르기까지 혼자서 척척 해낼 만큼 익숙해졌다.

안씨는 쇼핑몰 운영을 통해 얻는 짭짤한 수입도 수입이지만 무엇보다 이 일을 통해 일상에 활력을 얻고 쇼핑몰 운영과 관련해 아들과의 이런저런 대화시간이 늘어난 것이 더 큰 기쁨이라고 말한다.

당신이 50대라면 스스로의 가능성에 대해 어떻게 평가하겠는가? '가능성은 무슨? 슬슬 인생을 정리해야 할 때지…' 라고 말하진 않을까?

그러나 이렇게 생각해 보면 어떨까? 나이를 죽는 날로부터 거꾸로 세면? 조선시대에는 평균수명이 50세 안팎이었기에 예순을 넘기면 '회갑' 이라 하여 잔치까지 벌였지만, 오늘날 평균수명은 75세를 넘나들고 있으므로 인생을 25년 정도 연장해서 뒤로부터 세는 것이다. 그렇다면 현재 50대는 조선시대 기준으로 볼 때 30세 전후의 청년이 되는 셈이다.

공자(孔子)는 30세에 학문의 기초를 확립하고(而立), 40세에 중심이 흔들리지 않으며(不惑), 50세에 천명을 안다(知天命)고 역설한 바 있다. 이를 오늘날 연령 기준으로 다시 계산해 보면 55세에 이립(而立)하고, 65세에 불혹(不惑)하며, 75세에 비로소 지천명(知天命)에 이른다. 50대면 이제 겨우 기초를 확립하는 단계이니 나이에 대한 고정관념만 바꾼다면 설령 무엇을 이루지 않았어도, 또는 이제 막 뜻을 세우는 단계라 하더라도 큰 문제는 아닐 것이다.

세상에서 가장 아름다운 챔피언

우주전쟁을 소재로 한 온라인 게임 '레드문'에서 최고 점수인 1,000점을 기록한 고수가 나타났다. 인터넷상에서 '아이부끄러워라'라는 아이디를 사용하는 이 천재 게이머는 다름 아닌 환갑을 훨씬 넘긴 양선희 할머니. 온라인 게임 '레드문'에서 1,000점이라는 점수는 게임 이용자 1만 명 가운데 한 명 나올까 말까한 보기 드문 기록이다. 백분율로 환산할 경우 상위 0.01%에 드는 성적이며 20~30대의 게임 마니아들도 쉽게 다다를 수 없는 명실공히 최고수의 경지다. 양선희 할머니가 처음 컴퓨터에 입문한 시기는 예순을 넘긴 나이에 생계의 일환으로 PC방을 운영하면서부터였다. 컴맹이었던 할머니는 PC방에서 게임을 하는 손님들을 구경하다가 문득 호기심이 발동했다.

'뭐가 저렇게 재미있을까?'

급기야 단골 손님들에게 게임을 가르쳐달라는 부탁을 하기에 이르렀다. 그러나 사람들의 반응은 냉담했다. 나이 많은 할머니가 무슨 인터넷 게임이냐는 눈치를 주거나 무시를 당하기 일쑤였다고 한다. 특히 처음 게임을 접할 당시에는 나이 들어 많이 굳어진 손 때문에 어려움이 많았다. 온라인 게임에서 가장 중요한 마우스와 자판을 능숙하게 조작하지 못했던 것이다. 온라인 게임의 승패는 능수능란한 마우스의 움직임과 자판의 두드림에 있다 해도 과언이 아니다. 그러나 양 할머니는 포기하지 않고 오기와 끈기를 발휘해 온라인 게임 세계에 입문하는 데 성공했다. 그리고 게임에 입문한 지 2년 만에 젊은 유저(user)들을 제치고 고수의 반열에 오를 수 있었다.

나이와 성별 제한이 없다는 온라인의 고유한 특성과 그 매력을 알게 된 할머니는 오로지 실력으로 인정받고 싶다는 일념으로 많은 시간과 열정을 쏟아 부었다. 높은 점수를 얻기 위해 '조금만 더, 조금만 더' 하며 며칠 밤을 뜬눈으로 새우는 일도 허다했으며,

결국 체력이 바닥나 한동안 병원신세를 지기까지 했다. 어느덧 '최고령 게이머'로 꽤 유명세를 타고 있는 양 할머니는 나이 든 노인들도 인터넷 게임에 과감하게 도전해 볼 것을 적극 권한다. 여가활용에도 좋고, 컴퓨터를 자연스럽게 익힐 수 있으며, 젊은 사람과도 사귈 수 있는 일석삼조의 기회라고 그녀는 활짝 웃음꽃을 피워 올린다.

환갑이란 옛날에는 좀처럼 넘기 힘든 연령의 벽이었다. 그런 만큼 회갑잔치는 당사자는 물론 그 가족에게도 축복받는 자리였다. 그러나 평균수명 80세를 눈앞에 두고 있는 오늘날, 환갑의 의미는 완전히 퇴색해 버렸고 자손들이 축하연을 열어준다고 해도 벌써 노인 취급하느냐며 오히려 꺼리는 사람들이 많아졌다.

그러나 60세라는 '심리적' 벽은 여전히 높은 것이 현실이다. 이제 남은 삶은 글자 그대로 '여생(餘生)'에 불과하고, 새롭게 일을 시작하기에는 너무 늙었다는 의식이 새로운 삶으로 나가고자 하는 발목을 붙잡고 있는 셈이다.

이 같은 사람들은 오늘도 삶의 현상 곳곳에서 활약하고 있는 이 사회의 진정한 '어른'들을 교훈 삼아 반성해야 할 것이다. 물리적 나이란 정녕 숫자에 불과하지 않은가!

70대의 김영성 할아버지는 소비자가 주문한 물건을 곧바로 배달해 주는 베테랑 '퀵 서비스맨'이다. 김 할아버지의 이력은 이채롭다. 그는 15년 간 교사로 일하다가 우연한 기회를 통해 사업에 눈을 돌린다. 결국 교편을 놓고 새로운 사업에 뛰어든 그는 유통업체 경영자로서 또다시 새로운 15년의 세월을 보내게 된 것이다. 그러나 나이가 들면서 자식들의 권유도 있고 해서 사업을 정리하기로 결정했다. 아쉬운 은퇴를 선택한 것이다.

그는 사업을 정리한 채 2년 정도 집에서 쉬었다. 하지만 소일거리로 집에서 칩거하고 있으려니 몸도 마음도 생각보다 빨리 늙어버리는 것 같은 기분이 들어 뭔가 새로운 일을 찾기 시작했다. 그러던 중 65세 이상의 노인에게만 지원 자격이 주어지는 '실버 퀵' 모집공고는 그의 눈과 귀를 솔깃하게 만들었다. 결국 할아버지는 무작정 입사 지원서를 제출, 새로운 역동적인 세계에 첫발을 내딛었다. 그러나 평생 동안 '선생님', '사장님' 대접만 받아오던 그에게 격한 육체노동이 요구되는 퀵 서비스 업무는 결코 쉬운 일이 아니었다.

배달하는 사람이라고 얕잡아보는 이가 있는가 하면 시간에 맞춰 바쁘게 움직이다 보니 육체적으로도 고단하고 제 시간에 목적지에 도착하지 못하는 경우도 있었다. 하지만 노동의 신성한 즐거움은 고달픈 심신의 피로를 잊기에 충분했다.

그는 또한 그리 많지 않은 월급의 일부를 소년소녀 가장, 독거노인 등 어려운 이웃을 위해 나누는 일에도 인색하지 않다. 많은 나이에도 불구하고 즐겁게 일하는 인생, 아름다운 마음으로 타인을 돕는 그의 넉넉함은 동시대를 살아가는 우리에게 시사하는 바가 크다.

70대 고령에도 사회 각계각층에서 왕성하게 활동하는 노인들은 무척이나 아름답게 느껴진다. 생계 때문에 어쩔 수 없이 일을 하는 것이라면 좀 서글프겠지만, 즐거움을 위해 일을 한다면 나이가 무슨 상관이랴.

나이에는 아랑곳하지 않고 인터넷 환경과 친숙해질 수 있는 조그만 노력을 기울일 수 있다면 70대에도 젊은 날에 미처 닿지 못했던 놀랍고도 새로운 세계와 조우할 수 있지 않을까?

인적이 드물고 지루한 양로원 주변이나 마을 경로당이 아니라, 무궁무진하고 흥미진진한 사이버의 또 다른 세계에서 자신만의 항해를 마음껏 펼칠 수 있지 않을까?

아름다운 성공, 아름다운 시대정신

83세 할머니가 자신이 살아온 이야기를 한 권의 책으로 펴냈다. 평생 재봉틀을 곁에 두고 살아왔기에 주위에서 '바느질 할머니' 라 불리는 김성순씨가 바로 그 주인공이다. 아홉 살 무렵, 아버지가 사주신 재봉틀을 돌리며 익힌 바느질은 가족의 생계를 책임진 소중한 기술이었다. 가난을 좀처럼 벗어나지 못했던 힘든 시절에도 바느질 기술로 버틸 수 있었다. 그는 67세 되던 해부터 아동복지시설에서 봉사활동을 벌여왔다. 자신에게 바느질을 배우는 여자 아이들이 이 작은 기술을 소중하게 생각한다는 느낌을 받을 때 가장 큰 보람을 느꼈다고 그는 털어놓는다. 그러나 팔순을 넘기며 그에게 닥친 시련이 하나 있었으니, 다름 아닌 앞이 잘 보이지 않는 '저시력증' 에 걸린 것이다.

평생 손에서 놓지 않았던 바느질과 봉사활동이 여의치 않게 된 할머니는 "팔십 평생 눈 밝았으면 충분했지…. 그나마 조금씩이라도 볼 수 있다는 사실에 감사하며 살려고 해요"라고 말하며 '눈으로 볼 수 없다면 이제 글로써 세상을 들여다보자' 라는 생각으로 자신을 다독거렸다.

하지만 글쓰기란 쉬운 일이 아니었다. 글솜씨도 부족했지만 무엇보다 힘들었던 일은 눈이 보이지 않아 도화지만한 큰 종이에 적힌 글자조차 제대로 식별할 수 없는 낮은 시력이 문제였다. 비록 맞춤법 등은 엉망이지만 그가 힘들게 쓴 토막글들에는 어두워진 눈으로 따뜻한 삶의 자취들을 더듬어본 흔적들이 녹아들어 있다.

이 짧은 글들을 그의 딸이 단정하게 정리해 마침내 《덜렁이-바느질 할머니 이야기》라는 제목의 책으로 출간되기에 이르렀다. 여기에는 '바느질 할머니'의 잔잔하고 진솔한 일상들이 따뜻하게 깃들여 있다. 화려한 수사나 꾸밈은 없지만 한평생 쌓아온 할머니의 생각과 시선은 읽는 이로 하여금 아름다운 감동을 자아낸다.

여든을 넘긴 나이에도 왕성한 기업가 정신을 발휘하고 있는 분을 필자 또한 바로 곁에서 지켜보고 있다. 40년 전에 시작한 금광업에 대한 집념을 아직까지 버리지 못한 채 80대 중반의 나이에 혼자서 땅 속 수직으로 들어가는 채굴작업을 하고 계신 나의 부친이 바로 그 주인공이다. 오죽하면 마을사람들의 제보로 〈세상에 이런 일이〉라는 TV 프로그램에서 취재까지 해갔을까. 가족의 반대로 방영되진 못하고 진짜 금맥이 발견되면 성공 스토리로 방영하기로 했지만 말이다. 새삼 이 사회의 묵묵한 어른들의 발걸음에 고개를 숙여 경의를 표하고 싶은 요즘이다.

뜻 있고 의미 깊은 성공

속담 전문가인 90세의 송재선옹. 그는 50년 이상 전국 곳곳을 돌아다니며 모아온 6만여 편의 속담을 CD 한 장에 담아 《한국 속담대

사전)을 펴냈다. 어릴 때부터 속담에 대해 남다른 애정을 보여온 그는 우리의 이름과 글을 마음대로 쓸 수 없었던 일제 강점기를 겪으며 본격적으로 속담을 수집하기로 결심한다. 조금씩 잊혀져가는 민족 유산을 후대에 잇겠다는 그의 남다른 각오 앞에 서면 왠지 모를 숙연한 기분마저 든다.

작업은 쉽지 않았다. 제법 모아두었던 속담들이 한국전쟁 당시 대부분 소실되었고, 속담을 많이 알고 있던 사람들도 하나 둘 세월과 함께 사라져버렸다.

입에서 입을 통해 전해지는 속담의 특성을 고려해 볼 때 자료를 수집하는 일이 쉽지 않음을 짐작할 수 있다. 그는 노인들이 많이 찾는 종로의 탑골공원과 전국 각지에 있는 노인정을 발이 닳도록 방문했다. 심지어 재일교포와 중국 연변대학 도서관에까지 찾아가 곳곳에 산재해 있는 우리 속담들을 발굴해 냈다. 이처럼 그의 손길을 거쳐 수집된 자료들은 마침내 귀한 열매를 맺어 세상에 나올 수 있었다. 그러나 아흔을 넘긴 노익장의 열성과 노력은 단순한 '속담 모으기'에서 그치지 않는다. 그는 또 다른 관심거리였던 우리 전통 '옹기' 관련 책의 출간을 준비하고 있다.

나이가 들어서도 이처럼 뜻 있고 의미 깊은 일을 할 수 있다면 얼마나 행복할까? 자신이 하고 싶은 일, 즐거워하는 일에는 나이가 전혀 걸림돌이 되지 않는다는 사실을 보여주는 좋은 사례라고 할 수 있을 것이다.

100년의 도전, 100년의 성공

믿기지 않겠지만, 100세를 넘은 고령에도 불구하고 현재 활발한 경제활동을 하고 있는 사람이 있다. 전라남도 보성에서 30년째 부동산중개업체를 운영하고 있는 이성수 할아버지. 그는 하루도 빠짐없이 새벽 5시가 되면 자리에서 일어나 성경을 읽고 기도를 하며 일과를 시작한다. 오전 8시 30분이면 아파트를 빠져나와 1.5km가량 떨어진 사무실까지 걸어서 출근한다. 방문 고객을 안내할 때도 그는 운동 삼아 걷기를 고집한다.

종종 아는 사람들이 연로한 그를 위해 승용차를 태워주겠다고 호의를 베풀지만, 얼굴에 한껏 미소를 머금은 채 그는 자신의 유일한 운동을 방해하지 말라며 손을 내젓는다. 수입은 그리 많은 편이 아니지만 욕심을 깨끗이 비운 편안한 마음자세를 유지하는 것이 삶의 가장 중요한 성공이라고 그는 강조한다.

101세의 나이에 아리마 히데코 여사는 도쿄의 유흥가 긴자(銀座)에서 직접 바텐더 일을 하며 작은 바를 운영하고 있다. 아리마 여사는 "사업이란 그렇게 쉬운 것이 아니다"라고 털어놓으며 "손님과 대화 수준을 맞추고 이야기가 끊어지지 않기 위해 매일같이 3대 일

간지를 꼼꼼히 읽고 있다"고 말한 바 있다.

1세기를 넘기며 살아가고 있는 사람들의 이 같은 활기에 넘치는 이야기를 접하면 새삼 내 자신을 돌아보지 않을 수 없다. 이처럼 '100세를 넘긴 젊은이' 들보다 나는 정녕 얼마나 더 젊게 살아가고 있는가?

내 안에 숨어 있는 기회를 일으켜라

《천일야화》에 나오는 〈요괴 항아리〉 이야기를 기억하는 독자가 있을지 모르겠다.

가난한 한 어부가 고기잡이를 나갔다가 그물에 걸려나온 항아리 뚜껑을 열었더니 거대한 요괴가 뛰어나와 그를 죽이려고 했디. 이유인즉슨, 신의 노여움을 사 항아리에 갇힌 뒤 한 동안은 자신을 꺼내주는 자가 있으면 그 사람을 세상의 최고 부자로 만들어주겠노라 생각했는데, 세월이 한참 지나도 구해주는 사람이 없자 오기가 생긴 나머지 이제는 꺼내주는 사람이 있으면 무조건 죽여버리겠노라

맹세했다는 것이다.

난데없이 날벼락을 맞은 어부는 눈앞이 캄캄했지만 순간적인 기지를 발휘해 어떻게 그토록 몸집이 큰 당신이 그 작은 항아리에 들어갈 수 있었는지 비결을 알려달라고 말했다. 그러자 우직한 요괴는 뽐내듯 다시 항아리 안으로 들어갔고, 어부는 재빨리 뚜껑을 닫음으로써 위기를 모면했다.

뒤늦게 자신의 실수를 깨달은 요괴는 어부에게 다시 꺼내달라고 애원하면서, 그렇게 해주면 그를 행복하게 해주겠다고 진심으로 간청한다. 어부는 반신반의했지만 결국 행복하게 만들어주겠다는 말을 믿기로 하고 요괴를 다시 꺼내준다. 항아리 밖으로 나온 요괴는 약속대로 어부를 부자로 만들어준다.

성공의 향기를 가꾸는 5가지 원칙

이 이야기는 물론 상상 속 동화이지만, 성공과 관련해 몇 가지 재미있는 암시를 제시해 준다.

첫째, 가난한 어부의 삶에도 부자가 될 수 있는 기회가 찾아온다. 즉 누구나 부자가 될 수 있는 가능성이 삶의 곳곳에 숨어 있다. 어부는 자신의 그물에 요괴 항아리가 걸려드는 흔치 않은 기회를 잘 살림으로써 성공의 계단에 오를 수 있었다. 그는 자칫 죽임을 당할 수도 있었던 위험을 효과적으로 극복했다. 따라서 기회란 위기와 함께 오는 것이라고 할 수 있다.

둘째, 기회가 찾아와도 전략을 잘못 세우면 성공은커녕 실패의 나락에 떨어질 수 있다. 항아리에서 나온 요괴가 어부를 죽이려고 했을 때 어부가 순간적인 기지를 발휘하지 않았다면 무작정 죽임을 당하고 말았을 것이다. 이는 기회를 잘 살리는 성공전략이 매우 중요함을 암시한다.

셋째, 기회란 불행을 불러올 수도, 행복을 불러올 수도 있다. 기회를 요괴에 비유해 보자. 우직한 요괴는 꺼내준 사람이 원하는 대로 해주기도 하지만, 평소에 돌보지 않으면 오기와 심술이 생겨 뜻밖의 불행을 가져다 주기도 한다.

넷째, 이야기 속 요괴는 사실 우리 자신의 모습이다. 좀더 정확히 말하면 우리 자신의 잠재의식이다. 우리가 아껴주고 잘 가꾸면 잠재의식의 정원에 아름다운 화초가 자라고, 우리 인생에 향기를 가져다 준다. 하지만 관심과 정성을 기울이지 않는다면 잡초만이 무성하게 자라남으로써 힘겨운 인생의 길을 걸어야 할 것이다.

다섯째, 가장 중요한 것은 우리 자신의 내면에 이처럼 엄청난 능력을 갖춘 요괴가 자리하고 있다는 사실을 잘 모른다는 점이다. 항아리 속에 갇혀 있다 보니 누군가가 꺼내주지 않으면 그 존재를 인식하지 못하고 그저 컴컴한 어둠 속에서 분노와 오기만을 키우도록 방관하고 있는 셈이다.

지금이라도 바로 항아리 뚜껑을 열어 당신의 기회를 해방시켜 주어야 한다. 이것이 곧 성공에 이르기 위해 우리가 가장 먼저 해야 할 일이다.

07

성공의 뜰에 '긍정'의 씨앗을 뿌려라

가수 송대관을 모르는 사람은 거의 없을 것이다. 1967년 〈인정 많은 아저씨〉라는 노래를 발표하면서 데뷔한 그는 지금껏 30년 이상 변함없는 인기를 유지하고 있는 이른바 '트로트의 제왕'이라고 불러도 손색이 없다. 1976년 MBC '최고가수왕'으로 선정된 이래 2001년 MBC 10대 가요제에서 '30세 이상 국민이 뽑은 가수'에 선정되었으며, 모 설문조사에서 한국인이 가장 좋아하는 성인가요로 그의 노래 〈네 박자〉가 꼽히기도 하는 등 젊은 가수들이 주류를 이루고 있는 가요계에 여전히 '지지 않는 태양'의 모습을 보여주고 있는 국민가수다.

지금은 화려한 전성기를 구가하고 있지만 그 나이에 성공한 사람들이 대개 그랬듯이 그에게도 견디기 힘든 어려운 세월이 있었다. 그가 최초의 히트곡인 〈해뜰날〉을 발표한 건 1976년, 즉 데뷔하고 10년이 지난 후의 일이었다. 10년은 강산도 변한다는 세월이다. 지나고 보면 무상한 듯하고, 성공하면 아름다운 추억으로 남는 세월이겠지만 언제 올지 모르는 성공의 날을 기다리며 현실에서 부대껴야만 하는 당사자 입장에서는 결코 만만치 않은 기다림의 나날들이었을 것이다.

이 같은 세월을 담담한 마음으로 견뎌내기 위한 것인지, 1973년 그는 〈세월이 약이겠지요〉라는 노래를 발표한다. 그러고 나서 3년…. 정말 세월이 약이 되었는지 이 '인정 많은 아저씨' 는 마침내 〈해뜰날〉이라는 노래로 '쨍' 하고 해뜰날을 맞이하게 된다.

잠시 그의 노래를 음미해 보자.

꿈을 안고 왔단다 내가 왔단다

슬픔도 괴로움도 모두 모두 비켜라

안 되는 일 없단다 노력하면은

쨍 하고 해뜰날 돌아온단다

뛰고 뛰고 뛰는 몸이라 괴로웁지만

힘겨운 나의 인생 구름 걷히고

산뜻하게 맑은 날 돌아온단다

쨍 하고 해뜰날 돌아온단다

그 후로는 모든 사람들이 아는 대로 1993년에 발표한 노래 제목처럼 '큰소리 뻥뻥' 치고 살아가게 된다.

그의 노래와 인생역정을 살펴보면 어떤 생각이 드는가? 노래와 그가 걸어온 인생길이 비슷하다는 느낌이 들지 않는가?

우연의 일치라고 생각하는 사람도 있을 것이다. 그러나 이처럼 노래와 인생 스토리가 비슷한 여정을 보이고 있는 사례는 그 밖에도 많이 볼 수 있다. 좀 섬뜩한 이야기일지 모르겠지만 가수 김성재는 〈마지막 노래를 들어줘〉라는 노래를 마지막으로 돌연사했다. 또한 자살한 가수 서지원도 〈내 눈물 모아〉라는 마지막 앨범에서 "창밖으로 하나 둘씩 별빛이 꺼질 때쯤이면 하늘에 편지를 써…" 등의 가사로 자신의 죽음을 예고하는 듯한 모습을 보이기도 했다. 또 노사연은 〈만남〉 덕분에 결혼했지만 이은하는 〈사랑했기 때문에〉가 히트하는 바람에 아직도 미혼이다. 심지어 김상희는 〈대머리 총각〉을 노래한 후 그녀의 부군이 대머리가 됐다는 약간 믿기 어려운 주장까지 펴는 사람도 있다.

왜 이 같은 일이 생기는 것일까? 명상과 기(氣) 전문가인 유원씨에 따르면 노랫말의 암시효과에 따른 뇌파, 즉 알파파가 가수의 삶을 지배한다고 한다. 알파파란 수면 전 또는 잠에서 깨어났으나 완전히 정신을 차리지 못한 상태의 뇌파를 말하는데, 무대에 올라 혼신을 다하는 가수의 뇌상태도 이와 비슷하다고 한다. 이 알파파 상태에서는 평소 닫혀 있던 잠재의식의 문이 열리면서 어떤 말이나 생각도 무비판적으로 받아들이게 된다. 따라서 가수들이 혼신의 힘을 다해 부르는 노래 가사도 그대로 잠재의식에 각인되어 자동적으로 행동에 옮겨진다는 것이다.

이 같은 주장은 물론 아직 충분히 검증된 것이 아니기 때문에 신중하게 받아들여야 할 것이다. 하지만 한 가지 확실한 것은 어떤 말을 반복적으로 하게 되면 우리의 잠재의식은 어느 순간 이를 진실로 받아들임으로써 행동에 반영될 가능성이 높다는 점이다. 무심코 내던지는 말이 씨앗이 되어 뿌리를 내리고 꽃을 피우게 되는 셈이다. 특히 잡초가 화초보다 훨씬 더 생명력이 강한 것처럼 긍정적인 표현보다 부정적인 뜻을 내포한 말이 더 큰 위력을 발휘한다. 따라서 우리의 삶을 헤어나기 힘든 절망 속으로 끌어내릴 수도 있다.

한 번밖에 없는 인생, 이왕이면 '쨍' 하고 즐겁게, 그리고 산뜻하게 살아가야 하지 않겠는가? 이를 위해서는 무엇보다 먼저 우리 주변에 형성되는 일상적인 환경들을 점검해 볼 필요가 있다.

08

성공한 사람처럼 행동하라

당신은 당신이 원하는 것처럼 강하지도
유능하지도 않을 수 있지만
당신이 생각하는 만큼 약하지도 무능하지도 않다.
— 듀크 로빈슨

 **성공에 맞서 승부하라**

선천적으로 몸이 약했던 나는 인생의 봄이라고 할 수 있는 청년이 되어서도 매사에 늘 자신이 없었다. 그래도 나는 육체적인 건강과 정신적인 투지를 갖고 싶었기에 유년 시절에 읽었던 책의 한 대목을 늘 마음 한켠에 간직한 채 어려움이 닥칠 때마다 꺼내보곤 했다.

그것은 다름 아닌 영국의 한 작은 함대 함장이 소설의 주인공에게 '뱃심 있는 사람이 되려면 어떻게 해야 하는가'를 가르치고 있는 대목이었다.

"전쟁터에 처음 투입되는 사람들은 누구나 막연한 두려움을 갖게 된다. 그러나 이 때 취해야 할 유일한 방법은 '전쟁 따위는 전혀 무섭지 않다!' 는 생각과 표정으로 굳게 맞서는 일 뿐이다."

그 후 나는 거울 앞에 서서 일부러 자신 있는 얼굴을 지어보았다. 처음에는 무척 어색했지만 연습을 거듭하는 도중에 표정이 점점 좋아졌다. 놀라운 것은 이렇게 연습을 계속하는 과정에서 얼굴 표정만 그렇게 변하는 것이 아니라 생각까지도 새롭게 변하고 있다는 사실이었다. 공포를 이기겠다는 태도를 갖고 연습을 되풀이하는 동안, 실제로 마음 속에서도 이 같은 상황이 받아들여져 마침내 용기가 생겨났던 것이다. 이로써 나는 용기를 얻었다. 그래서 지금도 나는 확신한다. 그 누구라도 나와 같은 연습을 계속한다면 나와 똑같은 결과를 얻을 것이라는 진리를!

미증유의 대공황을 뉴딜 정책으로 극복하고 제2차 세계대전을 승리로 이끈 탁월한 지도력을 인정받아 대통령직에 네 차례나 당선된 20세기 미국 최고의 대통령 프랭클린 루스벨트의 이야기다.

원래 소심한 성격의 소유자였던 루스벨트는 이처럼 남다른 노력을 통해 어릴 적부터 대통령의 꿈을 키워갔다. 그는 하버드 대학을 졸업하고 몇 년 간 변호사로 일하다가 1910년에 정치에 입문, 뉴욕 주 상원의원에 당선되었고 1913년에는 해군 차관보를 역임하는 등 순탄한 정치역정을 걷는 듯했다. 하지만 그의 나이 서른아홉에 이른 1921년, 소아마비에 걸리고 마는 커다란 불행을 맞이하게 된다.

그는 정치 인생을 포기할 수밖에 없는 절망적인 상황에 빠졌지만 "결코 꿈을 버리지 말라"는 아내의 격려에 힘입어 다시 한번 힘차게 도약하겠다는 결연한 각오를 바탕으로 7년 간 각고의 재활 노력을 기울였다. 언젠가는 온전히 두 발로 서서 사람들 앞에서 연설할 수 있을 것이라는 굳은 믿음을 꺾지 않았던 그는 마침내 (강철 보조기를 착용하거나 가족이나 보좌관의 팔에 기대어 서는 형태이긴 했지만) 스스로의 힘으로 연단에 오를 수 있을 만큼 재기에 성공했다. 그리고 1933년 에는 드디어 꿈에 그리던 대통령 선서를 할 수 있게 되었다.

 ## 행동으로 성공의 운명을 바꾼다

실적이 별로 신통치 않았던 회사의 사장이 있었다. 그는 우연히 주위 사람에게서 "사장님은 한 번도 웃는 얼굴을 본 적이 없는 것 같아요"라는 말을 듣고는 커다란 충격을 받았다.

그 때까지 자신의 얼굴에 대해 별 관심이 없있던 그로시는 자신의 표정이 왜 그토록 어두운지, 그로 인해 상대에게 부담을 주고 있었는지를 전혀 알지 못했기 때문이다. 그 후 그는 아침에 일어나 의식적으로 하루 15분씩 웃는 연습을 시작했다. 처음에는 갑자기 웃는 자신의 모습이 무척 어색했지만 꾸준히 연습한 결과 한 달쯤 지

나면서는 점차 자연스러워졌고 지금은 만나는 사람들로부터 표정
이 너무 밝아졌다는 얘기를 듣는다. 그 때문인지 지금은 사업도 잘
되고, 매출이 늘어남에 따라 회사 안팎의 분위기도 한결 좋아졌다
고 한다.

대체로 사람들은 즐거운 일이 생겨야 웃음이 나온다고 생각한
다. 하지만 일부러라도 웃다 보면 마음이 점점 즐거워지고, 이는 주
변사람들에게까지 좋은 영향을 미쳐 기분 상쾌한 얘기를 듣게 되면
마음이 더욱 즐거워지는 선순환이 생겨난다. 즉 행동으로 마음을
바꾸는 것이다.

평소 성격이 급하다는 얘기를 자주 들었던 김 과장은 과속운전
을 하다가 앞차와 크게 부딪혀 상당 기간 병원 신세를 져야 했다.
그 후 김 과장은 식사를 할 때도, 길을 건널 때도 일부러 천천히 행
동하는 습관을 들였다.

급할 때 무단으로 차도를 횡단하는 일부터 자제했고 자신이 운
전하는 차 앞에 다른 차가 끼여들어도 불같이 화를 내는 대신 '무슨
급한 일이 있나보군' 하면서 '허허' 웃어넘겼다. 처음에는 이 같은
습관을 들이기가 매우 어려웠지만 사고 당시를 회상하면서 꾸준히
노력한 결과, 이제는 얼굴에 늘 평화가 깃들여 있고 주변인들에게
서 '마음씨 좋은 이웃 오빠' 로 불린다고 한다. 게다가 '규칙을 잘

지키고 너그러운 자랑스런 아빠'로 아이들로부터 존경까지 받게 되었다.

흔히 성격은 타고나는 것이라고 말한다. 하지만 성격의 대부분은 습관을 통해 형성된 것이다. 따라서 습관을 바꾸면 성격도 바뀌고, 나아가 자신의 운명까지 바꿀 수 있다.

병역을 마친 사람들이라면 대부분 '군대는 요령이다', '중간만 해라'는 말을 들은 적이 있을 것이다. 너무 열심히 하면 일을 많이 시키고, 또 너무 게을리 하면 기합을 받기 때문에 편히 지내려면 적당히 하라는 일종의 처세철학이다. 이런 태도가 군대 생활 내내 지속되다 보면 눈치껏 적당주의에 입각해 행동하는 '사병근성'에 물들고 만다.

반면에 장교로 복무한 사람들은 어려운 환경 속에서 휘하 부대원들을 이끌고 리더십을 발휘했던 일화들을 약간의 과장을 섞어 자랑스럽게 늘어놓는다. 오랫동안 리더로서 행동해 왔다고 자부하는 그들 또한 나름대로 '장교근성'을 갖게 된다.

필자의 경험담을 하나 살펴보자. 필자가 유학 후 삼성경제연구소에 들어간 것은 1996년의 일이다. 오전 7시부터 오후 4시까지 근무하는 이른바 '7-4제'가 뿌리를 내리고 있던 시기였다.

아침 일찍 일어나는 것이 버거워서 삼성 입사를 망설일 정도였던 필자는 결국 입사 후 오전 5시 기상을 받아들일 수밖에 없었다. 처음에는 괴로웠지만 1년가량 생활하다 보니 5시 기상도 너무 늦다는 생각이 들 만큼 익숙해졌다.

이처럼 사람은 행동을 통해 자기 삶의 많은 부분을 개선할 수 있다. 따라서 성공을 하려면 성공한 사람처럼 행동해야 한다. 당신의 행동에 따라 당신의 성공이 좌우된다고 할 수 있다.

성공은 성적 순이 아니다

남이 경멸하는 일에서 성공하는 것은 진정 훌륭한 일이다.
왜냐하면 남에게는 물론 스스로에게도 이기지 않으면 안 되기 때문이다.
- H. M. 몽데를랑

 **공부벌레가 아니라 노력벌레가 되어라**

초등학교 중퇴의 학력, 국가기술자격 학과시험에서 9번 낙방, 1급 국가기술자격 시험에서 6번 쓴잔…. 2종 면허시험에서 다섯 차례 고배를 마시고 다시 1종으로 전환해 4전 5기 만에 합격….

이 정도면 꼴찌인생을 살았다고 해도 큰 무리는 아닐 것이다. 그러나 그 사람이 현재 우리나라에서 1급 자격증 최다 보유자이고 한국 최고의 기술 명장이라면? 또 학원 문턱에도 가보지 못했지만 5

개 국어를 유창하게 구사한다면?

네 차례 대통령 표창, 영예의 발명특허 대상, 장영실상 5회 수상을 거쳐 1992년 전국 최우수명장으로 선정된 대우중공업의 김규환 씨 얘기다. 그는 《어머니 저는 해냈어요》라는 자신의 책에서 "목숨 걸고 노력하면 안 되는 것이 없다"고 강조한다. 그는 맡은 일에서 최고가 되기 위해 매일 새벽 5시에 출근, 공장 바닥에 모포를 깔고 새우잠을 자며 연구를 지속했고 2,600개 이상의 기계를 모두 뜯어보았을 정도로 지독한 노력벌레였다.

인생 터닝 포인트의 설계사

학창시절 전교생 300명 가운데 280등 정도에 불과했던 열등생이 현재 연봉 6억 원에 가까운 고소득자로 변신했다면 믿을 수 있을까? 그것도 남들과 눈도 마주치지 못할 정도로 내성적인 성격의 소유자였다면? LG화재의 강서지점 김포사업소의 조주환 대표가 바로 그 주인공이다.

"매사에 뒷전에 처져 있었기 때문에 고등학교 동창들 가운데 저를 기억하는 친구들은 거의 없을 겁니다."

그는 2003년 한햇동안 44억 원어치의 보험을 팔아 연간 5억 7,000만 원의 소득을 올리면서 보험판매왕에게 주어지는 '골드마

스터’ 자리에 올랐다.

그는 고교 졸업 후 젖소를 키우며 농사를 짓다가 우루과이 라운
드로 소값이 폭락하는 바람에 먹고살 길이 막막해진 나머지 아무
경험도 없는 보험영업의 문을 두드렸다. 내성적이었던 그는 거울을
보며 밝은 표정으로 보험상품을 설명하는 연습을 했고, 가장 먼저
출근해 가장 늦게 퇴근하면서 선배들의 영업 노하우와 보험관련 지
식을 습득했다. 이 같은 노력에 힘입어 점점 사람 만나는 일에 자신
감이 생긴 그는 ‘정직한 영업’과 ‘책임 있는 영업’을 좌우명 삼아
고객에게 최선을 다한 결과, 영업 11년 만에 자타가 공인하는 최고
의 설계사로 떠올랐다.

“학창시절을 생각하면 내가 어떻게 여기까지 왔는지 스스로 의
아할 때가 많습니다. 하지만 할 수 있다고 믿고 묵묵히 노력하면 안
되는 일은 없습니다.”

시련은 있어도 실패는 없다

2000년 프로야구 최우수선수(MVP)로 선정, 세 차례의 골든글러브
상(1996·1998·2000년) 수상, 프로 첫 4연타석 홈런과 17년 만의 포
수 홈런왕, 포수 최초의 20·20클럽(홈런 20개와 도루 20개를 한 시즌에
달성한 선수를 의미) 가입, 2003년 SK 와이번스와 3년 간 총 19억 원

에 계약….

공격과 수비 어디 한 군데에서도 빈틈이 없다는 찬사를 듣고 있는 박경완 선수의 화려한 기록이다. 이 같은 그의 화려한 성공 뒤에는 꼴찌의 시절이 있었다는 사실을 아는 사람은 얼마나 될까? 박경완은 고교를 갓 졸업한 1991년 당시만 해도 무명 중 무명이었다. 우여곡절 끝에 60만 원짜리 연습생으로 쌍방울 구단에 들어갔지만 1993년까지 그는 투수들의 연습투구를 받아주는 불펜 포수에 지나지 않았다. 3년 간 성적은 홈런 3개, 타점 8개가 전부였다.

1993년 겨울 조범현 코치와의 운명적인 만남이 없었다면 아마도 그의 야구 인생은 초라하게 막을 내렸을 것이다. 그는 1994년 시즌을 자신의 마지막 야구의 해로 삼고 아침부터 밤늦도록 이어지는 혹독한 훈련을 기꺼이 받아들였다. 그 훈련이 얼마나 힘들었는지 자신도 모르게 흐르는 눈물을 주체할 수가 없을 정도였고, 땀과 상처로 범벅된 자신의 몸을 보고 있노라면 입에서 절로 욕이 터져나왔다고 한다. 그는 당시를 다음과 같이 회상한다.

"다시 하라면 아마 차라리 야구를 포기할 겁니다. 그래도 그 때 포구, 블로킹, 송구 등 포수의 역할이 뭔지 비로소 눈을 뜰 수 있었습니다. 포수의 길이란 바로 인내심 그 자체였습니다."

"제 기억 속엔 오직 잠과 운동밖에 없어요. 해마다 조금씩 연봉이 올라가는 재미에 모든 걸 참았지만 솔직히 좀 쓸쓸하죠. 여행 한

번 가보는 게 소원입니다.”

각고의 노력 끝에 무명의 꼴찌 박경완은 1998년 현대로 이적하면서 첫 프로 입단 때 받았던 600만 원 연봉의 150배에 이르는 9억 원이라는 대박을 터뜨린 대스타로 우뚝 서기에 이른다.

가장 늦었다고 생각할 때가 가장 빠를 때다

생애 첫 직장을 4개월 만에 사표 내고 창업한 회사가 8개월 만에 실패. 그리고 다시 들어간 직장에서 9개월 만에 해고된 이후 사표, 실패, 해고를 반복하면서 6년 간 직장을 아홉 번이나 옮겨다닌 인생 낙오자…. 최고로 많이 받아본 월급이 1,500달러이고 직장 상사들에게 성공할 가망이 없다며 멸시를 받았던 스티븐 스콧이라는 인물. 그는 현재 〈포천(Fortune)〉 500대 기업에 속하며 미국에서 최고 이익을 내는 아메리칸 텔레캐스트(American Telecast Corporation)사의 공동 설립자로서 미국 제일의 부자 반열에 올라 있다. 그의 성공 비결을 살펴보면 다음과 같은 결론을 얻을 수 있다.

첫째, 과거의 실패는 미래의 성공과 아무런 관계가 없다. 당신이 절대로 성공할 수 없다고 말하는 타인의 편협한 생각이 당신을 움직이도록 놔두지 말라. 학창시절엔 인기도 없었고 성적 또한 별 볼일 없었으며 운동선수감도 아니었던 스티븐이라는 이름의 두 학생

이 미국에서 가장 성공한 인물이 되었다. 그 중 한 명은 할리우드의 신화적 인물인 스티븐 스필버그였고, 다른 한 명은 억만장자가 된 스티븐 스콧이었다.

둘째, 성공은 운이 아닐뿐더러 긍정적인 사고만으로 실현되는 것도 아니다. 성공이란 목표를 이루기 위해 구체적인 단계들을 하나하나 밟아나간 결과를 통해 얻어진다. 그 실천방법을 제대로 따르기만 한다면 아무리 평범한 사람이라도 누구나 이룰 수 있는 성격의 것이다.

셋째, 성공하는 데 학창시절의 성적은 중요하지 않다. 하찮은 일이라도 남들이 엄두를 내지 못하는 한 가지에서만 뛰어나면 충분하다. 스콧의 경우에는 타자를 칠 수 있다는 사소한 능력이 성공의 중요한 밑바탕이 되었다. 지금 당장은 하찮게 보여도 잘 할 수 있고 즐길 수 있는 일이 나중에는 자신도 깜짝 놀랄 정도의 성공을 불러온다.

꼴찌의 괴로움을 겪고 있는 분들이여! 저 멀리 보이는 고지도 한 걸음 한 걸음 가다 보면 어느 사이엔가 중턱에 이르고, 조금만 더 힘을 내면 정상에까지 닿을 수 있다. 한번 도전해 보지 않겠는가?

실패를 성공적으로 관리하라

비록 '실패자'가 되었더라도 '도전자'로서는 성공하라
― 찰스 맨즈

누구나 실패자가 될 수 있다

시중 대형은행에서 기업들을 상대로 대출업무를 담당했던 30대 후반의 백모씨. 깔끔한 업무처리 능력을 인정받아 과장으로 승진한 지 한 달 만에 그는 5억 원을 횡령한 혐의로 구속됐다. 엄청난 개인 신용카드 빚을 견디지 못해 회사 공금에 손을 댔다가 철창신세를 지게 된 것이다.

백씨가 처음으로 신용카드를 발급받은 것은 5년 전이다. 주식투자를 위한 종자돈과 부족한 용돈을 마련하기 위해 하나 둘 늘려간 신용카드가 급기야 20장에 달했고, 5년 동안 신용카드를 이용해 쓴 돈이 무려 2억 2,000만 원에 이르렀다. 결국 한 달마다 꼬박꼬박 돌아오는 청구서를 감당하지 못하는 신세로 전락했는데, 연체금에 연 20%를 웃도는 이자가 가산되면서 누적된 이자만 해도 1억 7,000만 원에 달했다.

여러 신용카드사의 빚 독촉에 쫓겨 몹시 초조해진 백씨는 자신이 근무하는 회사의 공금에 손을 대는 돌이킬 수 없는 실수를 선택하기에 이른다. 이 같은 백씨의 사례는 업무능력을 인정받은 금융전문가조차 신용불량의 덫에서 자유롭지 못하다는 사실을 단적으로 보여주고 있다. 왜 이런 일이 그에게 일어났을까?

첫째, 실패의 위험성을 과소평가했기 때문이다. 백씨는 자신이 금융전문가이기에 적절한 방법으로 신용카드를 관리할 수 있다고 생각했다. 처음 신용카드를 사용했던 시기엔 이자에 대한 부담이 많지 않았기 때문에 큰 문제가 되지 않았다. 그러나 계획 없는 느슨한 생활이 이어지면서 점점 씀씀이가 커지게 되었고, 어느 순간 점검해 보니 감당할 수 없을 정도로 크게 불어나 있는 빚을 발견했다.

둘째, 실패를 깨닫고 난 후에도 그는 잘못된 방법으로 문제에 대응했다. 결제일마다 이른바 '돌려막기' 방법을 선택함으로써 점점 깊은 악순환에 빠진 것이다. 이 같은 선택은 채무를 기하급수적으로 늘려놓았다. 이 방법마저 한계에 다다르자 훨씬 더 비싼 이자를 물어야 하는 제2금융권의 각종 캐피털 대출과 고리대금으로 악명 높은 사채에까지 손을 대게 되었다. 결국 궁지에 몰린 백씨는 범죄의 영역에 자신도 모르게 발을 들여놓은 것이다.

또 하나의 실패 사례를 살펴보자.

과거 증권전문 케이블 TV에서 해박한 증권지식과 매끄러운 진행으로 명성을 날렸던 한모씨. 낮에는 애널리스트로 활동하고 밤에는 고급 주택가에서 강도, 절도행각을 벌이며 이중생활을 지속해오던 그는 결국 경찰에 붙잡혔다.

한씨는 한때 교육관련 비디오를 제작·판매해 얻은 수익을 주식에 투자, 20억 원을 벌어들이기도 했다. 그는 증권 사이트에서 사이버 투자 고수로 활동하며 실력을 인정받아 MBN의 증시분석 프로그램 진행자로 발탁되었고 팍스넷의 투자사업 본부장까지 지낸 것으로 밝혀졌다.

이처럼 잘나가던 그가 파멸의 길로 접어든 것은 2002년 밀, 신물옵션에 투자했다가 거금 30억 원을 잃고 약 10억 원의 빚을 지게 되면서부터다. 급기야 그는 빚을 갚기 위해 고급 주택가를 대상으로 11억 원에 이르는 절도행각을 벌였다. 경찰 조사과정에서 그가 애널리스트로 활동하기 전에 강도 및 강간 등의 혐의로 11년 간이나 복역한 사실을 감쪽같이 속여 온 것으로 드러났다.

이 사례는 우리에게 많은 점들을 시사해 준다.

첫째, 인간의 욕심은 끝이 없고, 바로 이 끝없는 욕심이 실패의 원인이 된다는 것이다. 한씨는 20억 원을 벌어들인 것에 만족하지 않고 더욱 많은 돈을 벌고자 무리하게 욕심을 부리다가 헤어나기 힘든 나락으로 떨어지고 말았다.

둘째, 욕심 앞에서는 자신이 갖고 있는 전문적인 지식도 무용지물이라는 사실이다. 사이버 투자 고수로 인정받을 정도면 적어도 전문적인 지식에서는 일정한 수준에 이른 사람이라고 판단할 수 있다. 그러나 과도한 욕심은 그와 같은 전문지식으로도 자신을 제어할 수 없는 지경으로 몰고 간다. 결국 무리한 욕심은 실패의 길로 가는 지름길이라는 것을 이 사례를 통해 우리는 알 수 있다.

지나친 낙관론은 금물

이상과 같은 사례들은 긍정적인 사고가 언제나 긍정적으로만 작용하지 않는다는 사실을 일깨워준다. 실패자들에게는 모든 일이 잘 진행될 거라는 막연한 낙관론만 있었을 뿐, 유사시에 대비한 리스크 관리는 전혀 이루어지지 않았다. 단기적인 이익에 급급해 최선의 결과만을 기대했을 뿐, 최악의 사태에 대해서 최소한의 대비책

조차 마련하지 못했던 것이다.

긍정적 사고는 최선을 기대하는 것이다. "내가 원하는 것은 반드시 현실화된다", "내 인생의 미래는 좋은 일로 가득 차 있다", "나는 하는 일마다 성공을 거둘 수 있다" 등등.

그러나 성공의 나라로 가는 길목에서는 긍정적 사고를 가진다고 해서 고속도로처럼 일직선으로 목표에까지 이르는 경우는 좀처럼 일어나지 않는다.

성공의 나라로 가는 길은 평탄한 고속도로보다는 에베레스트 산정에 오르는 등산로와 더 비슷한 경우가 많다. 분명 손에 닿을 듯 에베레스트 산정이 눈부시게 빛나고 있지만 가는 길은 대단히 험난하다. 오르는 과정에서 크레바스(틈새)에 빠져 추락할 수도 있고 눈사태를 만나 순식간에 폭설 속에 갇힐 수도 있다. 산소 부족으로 고산병에 시달릴 수도 있고 악천후로 정상을 눈앞에 둔 채 눈물을 머금고 발길을 돌려야 하는 경우도 생길 수 있다.

자연이 갖고 있는 신비와 위험을 인간이 모두 알 수는 없다. 그래서 산의 정상에 이른다는 최선의 목표를 기대하면서도 때로는 최악의 사태가 일어날 수도 있다는 사실을 염두에 두어야 한다.

만일 최악의 사태가 현실에서 일어난다면 어떻게 대처해야 할 것인가?

구조조정으로 직장에서 해고된다면?

사업에서 부도가 나 채권자가 몰려온다면?

무리한 주식투자로 깡통을 차게 됐다면?

불치병에 걸려 시한부 인생을 선고받았다면?

배우자와 이혼을 하고 자식과도 결별해야 한다면?

이 같은 사태가 발생했을 때 대처할 수 있는 시나리오가 미리 준비되어 있다면 실제로 어려운 일이 발생한다 하더라도 차분한 대응으로 충격을 최소화하고 새로운 출발을 열어갈 수 있을 것이다. 또 시나리오를 만드는 과정에서 예상되는 위험요소를 미리 식별할 수 있는 만큼 그에 대비하는 예방책을 마련해 실패의 크기 자체를 줄일 수도 있다.

최선을 기대하되 최악에 대비하는 유비무환의 지혜가 필요한 것이다.

2

나 자신을 열광시켜라

01

성공에 합당한 시나리오를 짜라

작전이 필요할 때 작전을 세우면 늦다.
아는 꽃이 필요한 순간에 꽃씨를 뿌리는 것과도 같은 이치다.
– 최명희

긍정적 사고에 관해 많은 사람들이 오해하는 것이 있다. '된다, 된다, 꿈은 이루어진다' 고 수없이 되뇌이면 그 꿈이 저절로 실현된다고 생각하는 것이다. 이는 물론 틀린 말은 아니다. 실현될 수 있는 꿈을 꾸고, 그 꿈이 실현된다고 믿고, 그 꿈을 실현하기 위해 열정을 바탕으로 흔들림 없이 매진한다면 꿈은 분명히 이루어진다.

그러나 여기에는 몇몇 조건이 숨어 있다. 실현될 수 있는 꿈이어야 하고, 실현된다고 믿어야 하고, 열정을 갖고 흔들림 없이 매진해야 한다는 조건이다. 이들 조건이 충족되면 분명 꿈은 이루어지지만, 만약 충족되지 않는다면 한낱 공상에 불과할 수도 있다.

15세기에 비행기를 만들겠다는 꿈을 꾼 사람이 있다고 하자. 비행기를 만든다는 꿈은 분명 이루어진다. '인간이 상상할 수 있는 것은, 그것이 무엇이든 언젠가는 이루어진다' 는 진리를 인류 역사가 실증하고 있기 때문이다. 실제로 비행기의 꿈은 20세기 들어 라이트 형제에 의해 현실화되었다.

그러나 비행기를 만드는 꿈은 15세기에는 결코 현실화되지 않는다. 비행기를 만드는 데 필요한 수많은 기술들이 당시에는 개발되지 않았기 때문이다.

어떤 어린이가 대통령이 되겠다는 꿈을 꾼다면 어떨까? 이 또한 분명 현실화될 수 있다. 실제로 중학생 시절부터 대통령의 꿈을 품고 일로매진함으로써 꿈을 성취한 전직 대통령의 사례도 있으니까 말이다. 그러나 이 또한 필요 기술이 있어야 비행기를 만들 수 있는 것처럼 대통령이 되는 데 필요한 능력이 구비돼야 가능한 일이다.

대통령이 되는 데 필요한 능력이 무엇이라고 생각하는가? 또 그러한 능력을 갖추기 위해 어떤 노력을 해야 한다고 생각하는가? 이에 관해 적어도 자신이 납득할 수 있는 대답을 할 수 있기까지는 대통령이 되겠다는 꿈을 잠시 보류하는 것이 좋다.

10억 원의 돈을 벌겠다는 꿈은 어떤가? 10억 원은 우리나라에서 부자 반열에 오를 수 있는 최저 기준으로 제시되고 있다. 이 경우에서도 마찬가지다. 무슨 일을 어떻게 하면 10억 원을 벌 수 있는가? 10억 원을 버는 과정에서 생길 수 있는 문제점은 무엇이고, 그 문제점을 어떻게 하면 극복할 수 있는가? 이에 대해 적어도 스스로 납득할 수 있는 시나리오가 없다면 이 꿈 또한 잠시 보류할 일이다.

꿈의 사업계획서를 꼼꼼히 짜라

필자가 말하고자 하는 핵심은 다음과 같다.

첫째, 바라는 꿈이 있다면 그 꿈을 실현하는 데 필요한 방법과 수단을 구체적으로 설계할 수 있어야 한다. 멋진 아파트를 짓는 꿈이 있다면 그에 걸맞은 건축설계도가 있어야 하는 것과 마찬가지다. 설계도도 없이 꿈만 꾸고 있다면 이는 백일몽에 불과할뿐더러 돈키호테가 꾸는 꿈이라고 할 수밖에 없다.

둘째, 노력에 비해 성과가 높은 꿈을 꾸어야 한다. 꿈을 실현하는 데 들인 노력은 100인데 성과는 50밖에 안 된다면, 꿈이 실현됐다고 해서 좋아만 할 수 있을까? 예를 들어 10억 원의 재산을 모으긴 했는데 그 과정에서 건강을 망쳤거나 가족관계가 엉망이 됐다면, 이는 과연 바람직한 꿈일까? 꿈을 이루는 설계도만이 아니라 꿈의 효율성을 따지는 손익계산서도 차분하게 작성해 볼 일이다.

셋째, 꿈은 스스로 납득할 수 있고 신뢰할 수 있어야 한다. 진심으로는 믿지 않거나 될 수 있을까 강한 의심을 품고 있는 꿈은 결코 실현되지 않는다. 의식의 차원에서는 이것이 가능하다고 말하지만 잠재의식의 차원에서는 안 된다고 말하고 있기 때문이다. 꿈이 실현되려면 잠재의식의 레벨에서 된다고 말할 수 있어야 한다. 이를 위해서는 설계도와 손익계산서가 포함된 꿈의 사업계획서를 만들고, 매일매일 실천해 가면서 작은 성공경험을 쌓아야 한다.

《성공의 법칙》의 저자 맥스웰 몰츠의 주장을 한번쯤 음미해 보도록 하자.

그는 매일같이 몇 시간씩 혼자 조용한 방에 앉아 눈을 감고 복권에 당첨되는 장면이라든지, 대기업의 최고경영자가 되는 장면, 뉴욕 맨해튼 거리가 내려다보이는 유리가 설치된 호화로운 고급 주택에서 지시를 내리는 장면, 열대 해변에서 아름다운 여인과 신혼여행을 즐기는 장면 등을 마음 속으로 그렸다. 날이면 날마다 수 년 간 이러한 이미지에 몰두하던 이 남자는 끝내 넌더리를 내면서 포기하고 말았다. 그리고 그는 '자기 계발서의 헛소리'에 귀를 기울이는 사람에게 모두 허튼 소리라며 떠들고 다녔다. 문제는 이 남자가 한 번도 복권을 구입한 적이 없고, 승진 요청을 한 적도 없으며, 젊은 여성에게 데이트를 신청한 적도 없다는 데 있다!

02

성공을 위해 부지런히 발품을 팔아라

자기 발에 맞으면 그 신발을 신어라.
하지만 발에 맞지 않으면 미련을 두지 말고 버려라.
―세계 격언

독일 슈투트가르트발레단 수석무용수로 활약하고 있는 발레리나 강수진의 발을 본적이 있는가? 예쁘고 섬세한 발을 떠올린다면 매우 실망스러울 것이다. 그녀의 발은 아마 당신이 본 것 중 가장 못생긴 발일지도 모른다.

왜 이렇게 됐는가? 이유는 간단하다. 세계 최고 수준의 춤꾼이 되기 위해 밤낮없이 고된 연습을 했기 때문이다. 그녀의 연습시간은 하루에 보통 10시간, 공연 전에는 하루 19시간을 연습할 때도 있다. 한 시즌에 토슈즈 150켤레를 닳아 없앨 정도의 지독한 연습벌레다.

가장 오래 걸은 자들의 가장 아름다운 발냄새

1999년 11월, 어린이도서 대여 전문업체인 아이북랜드 박진규 사장은 직원들의 월급을 주지 못했다. 당시 박 사장 수중에는 100만 원이 전부였다. 온라인으로 아동도서 대출회원을 모집하고 책을 배달해 주는 사업을 시작한 지 한 달 만에 회사 문을 닫아야 할 위기에 처했다.

그러나 박 사장은 "마지막 승부를 걸겠다"며 직원들을 독려했고, 전직원이 발로 뛰며 회원을 모집했다. 월 1만 원에 매주 4권의 책을 빌릴 수 있다는 입소문이 주부들 사이에 퍼지면서 회원 수는 급속히 늘어났다. 창립 1년 만에 회원 10만 명을 돌파했으며, 2003년 말 현재 전국 70여 개 지사에 1,500개 지점, 회원 100만 명, 총매출 442억 원의 탄탄한 중견업체로 자리잡았다.

1999년 4월, 회사가 어려워지면서 영업소장을 끝으로 17년 간의 직장생활을 그만둔 47세의 김광호씨. 그에게 남은 건 약간의 퇴직금과 기약할 수 없는 내일뿐이었다. 그는 자신이 잘 할 수 있는 일이 무엇일까 모색했다. 예전부터 어렴풋이 생각했던 골프를 활용한 마케팅 기법론. 그는 여기에 승부를 걸기로 결심했다.

그는 자신이 새로 뛰어들 시장을 탐색하고, 인터넷에도 입문하고, 대중 앞에 서는 훈련을 하기 위해 연극단 견습생 생활도 했다. 이런 준비를 한 후에 외국계 생명보험회사에 사원교육 강의를 하고 싶다고 제의했다. 상대방은 국내 기업에서 해고된 사람이 외국 기업에서 무슨 강의냐며 일언지하에 거절했다. 그러나 그는 물러서지 않았다. 돈은 받지 않을 테니 냉정하고 공정하게만 평가해 달라고 부탁하자 담당자는 마지못해 허락했다. 이렇게 시작한 박진규 사장의 제2막 인생은 또 하나의 성공을 예감하고 있었다. 이제 그의 강의를 청강하기 위해선 한참 전부터 미리 예약하지 않으면 안 된다. 많은 기업들의 초빙 요청이 쇄도해 강의일정을 잡을 수 없을 정도로 바쁘고 귀하신 몸이 되었다.

행운은 발로 뛰는 사람에게만 다가온다

다섯 평짜리 지하창고에서 자본금 50만 원으로 사업을 시작해 1,000억 원대의 매출을 올리는 기업으로 성장시킨 이레전자의 정문식 사장. 정 사장은 처음 사업을 시작했을 무렵, 휴대전화 충전기의 주문처를 확보하기 위해 대기업인 H전자를 찾아갔다. 그러나 H전자 담당자로부터 들은 대답은 작은 회사와는 거래하기 힘들다는 것이 전부였고, 정 사장의 부탁을 번번이 거절했다. 샘플만이라도 보여줄 수 있는 기회를 달라고 매달리기 수십 차례. 담당자는 마지못해 제품의 규격과 사양이 적힌 종이를 내놓으며 한 마디 덧붙였다.

"규격대로 한 번 잘 만들어나 보시오. 그러나 잘 만들어졌다고 해서 반드시 구매한다는 보장은 없소."

2주일에 걸친 밤샘작업 끝에 어렵게 완성된 충전기 샘플을 H전자에 보낸 다음 그 결과를 기다렸다. 그렇게 초조한 시간이 흐르고 마침내 H전자에게서 합격통지를 받았다. 결국 이 제품을 납품해서 80억 원의 매출을 올리는 성과를 거두었고 이는 오늘날의 이레전자로 발돋움하는 밑바탕이 되었다.

이레전자가 개발한 제품 중에는 '프리폰'이라는 애칭의 무선전화기도 있다. 휴대전화가 편리하기는 해도 통화요금이 만만치 않아 주부들이 사용하기에는 무리가 있다는 것에 착안해 만든 제품이다. 정 사장은 프리폰의 성공을 확신하며 회로 설계도가 나오기도 전에 판로 확보를 위한 발빠른 행보에 나섰다. 제품의 모형을 들고 미국 소비자박람회를 찾아간 것이다.

정 사장은 박람회에 참가 중인 미국 내 최대 통신회사 '벨(Bell)'의 부스로 찾아가 사장을 만나고 싶다는 뜻을 전했다. 물론 세계 최고의 통신회사인 벨측에서 이름조차 생소한 이레전자의 정 사장을 만나줄 리 없었다. 그러나 그는 물러서지 않았다. 하루 종일 벨의 부스 주변을 배회하며 사장이 나타나기만을 기다렸다. 정 사장의 기다림이 하루 이틀을 지나 사흘째 되던 날, 마침내 그에게 5분 간의 면담시간이 주어졌다. 정 사장은 전화기를 들고 설명했다.

"이것이 우리 이레전자에서 개발한 초소형 전화기입니다. 앞으로 6개월 안에 만들어낼 테니 납품을 허락해 주십시오."

"네? 이건…. 혹시 장난감 아닙니까?"

"네, 아직은 그렇습니다. 하지만 계약만 해주신다면 곧 완제품을 보여드리겠습니다."

"허허, 당신 같으면 무작정 장난감을 들고 와 '이것 좀 사주세요'라고 말하면 검증도 안 된 그 물건을 구입하겠소? 그래, 정말 만들 수는 있겠소?"

그렇게 말하고는 한참을 생각하던 벨의 사장이 다시 입을 열었다.

"장난감을 구입한다는 일이 말도 안 된다는 사실을 잘 알고 있소! 하지만 나는 당신의 열정을 사도록 하겠소!"

벨의 사장은 그 자리에서 전화기 5만 대를 주문했다. 소설에서나 볼 수 있을 법한 얘기가 현실로 나타난 것이다. 이레전자의 '프리폰'은 이런 사연을 갖고 탄생했다.

꿈은 결코 머리만으로는 실현되지 않는다. 머릿속에서 꿈을 만들고, 그 꿈을 실현하기 위해 발로 뛰어다닐 때 비로소 꿈은 이루어질 수 있다.

 ●●● 03

가슴 속 열정의 화산에 불을 지펴라

열정은 성공의 원동력이다. 성공에 이르는 과정에 도사리고 있는 수많은 난관과 시련을 이겨내는 힘, 실패와 좌절 속에서 자칫 바스러지기 쉬운 원래의 꿈을 목표에 도달할 때까지 간직해 낼 수 있는 힘, 그 힘은 바로 열정에서 온다.

그런데 주변을 돌아보면 거의 실현 불가능한 것처럼 보이는 목표의 실현을 위해 무모하리만치 저돌적으로 돌진하는 사람이 있는가 하면 별로 대단치도 않은 난관 앞에 주저앉아 무기력하게 하루하루를 보내는 사람도 있다.

왜 이런 차이가 생기는 것일까? 열정이란 몇몇 사람에게만 선천적으로 주어지는 특권인 것일까? 아니면 누구나 가슴 속에 갖고 있지만 평소에는 가만히 있다가 어떤 계기가 주어져야 폭발하는 화산과도 같은 것일까?

지금은 일상이 따분하고 신바람 나는 일이 없다 하더라도 곰곰이 지난날을 반추해 보기 바란다. 그에게, 그녀에게 한눈에 반해 가슴 설레는 상상을 하며, 몇 번씩 종이를 구겨가며 마음에 들지 않는 편지를 쓰다가 밤을 지새운 적은 없었던가? 근사한 아이디어가 떠올라 사업구상을 해본다고 몇날 며칠 들떠 있던 적은 없었나? 채팅에 빠져, 주식에 빠져, 도박에 빠져, 로또에 빠져, 포르노에 빠져 밤을 하얗게 밝혀가며 인터넷 사이트를 뒤진 적은 없었던가?

이 같은 경험을 갖고 있는 사람의 가슴 속에는 분명 열정의 화산이 살아 숨쉬고 있을 터다. 아직 때가 무르익지 않아 가슴 저 밑바닥에서 미동만 하고 있는 상태이긴 하지만 언젠가 계기가 주어지면 세상과 자신을 뒤바꾸는 위력을 보여줄 수 있을 터다.

하고 싶은 일, 좋아하는 일

보통사람이 엄두도 내기 어려운 분야에서 탁월한 성과를 거둔 안철수씨. 그는 자신을 천재라고 부르는 주변사람들에게 《CEO 안철수,

영혼이 있는 승부〉를 통해 다음과 같이 말한다.

"내가 그리 뛰어난 재주를 가지지 않았음에도 불구하고 남보다 먼저 어떤 일을 할 수 있었던 이유는, 일본인 수학자 히로나카 헤이스케가 쓴 《학문의 즐거움》이라는 책에서 내 평생의 좌우명을 얻었기 때문이다. 히로나카 헤이스케는 수학의 노벨상이라고 불리는 필드상을 수상한 바 있는 저명한 수학자인데 자신의 책에서 다음과 같이 말하고 있다.
'어떤 문제에 부딪히면 나는 남보다 두세 곱절의 시간을 더 투자해야겠다는 각오를 한다. 그것이야말로 평범한 두뇌를 가진 내가 할 수 있는 유일한 방법이다.'
내가 힘든 의과대학 생활을 하면서 동시에 백신 프로그램을 개발할 수 있었던 이유는 히로나카 헤이스케의 이러한 정신을 본받고자 나 자신에게 스스로 채찍질했기 때문이다."

안철수 사장의 초인적인 열정과 진지한 삶의 자세는 어디에서 근원하는 것일까? 어느 인터뷰에서 그는 다음과 같이 고백한다.
"돈이 중요했다면 의사의 길을 택했을 것입니다. 회사 창립년도인 1995년 당시만 해도 컴퓨터 방역에 대한 일반인들의 인식이 높지 않았습니다. 또 대부분의 백신이 무료로 제공됐기 때문에 사업 전망도 불투명했습니다. 매출 10억 원을 달성했을 무렵 세계적인 백신 업체 맥아피에서 우리 회사를 1,000만 달러에 인수하겠다는 제의를 했습니다. 만일 제가 돈에 목적이 있었다면 미련 없이 회사를 넘겼을 것입니다. 그러나 저는 돈보다 일 자체에 매력을 느낍니다. 사람마다 느끼는 가치의 기준이 다르겠지만 저는 진로를 결정할 때 부나 명예보다는 일이 저의 적성과 가치관에 맞는지, 일을 통해 얼마나 사회에 기여할 수 있는지를 가장 중요한 기준으로 생각했습니다. 돈이나 명예는 부차적인 문제죠."

하고 싶은 일, 좋아하는 일이야말로 열정을 불러일으키는 가장 매력적인 동인(動因)이다. 게임에 몰두해 있는 아이들을 보라. 도박에 맛을 들인 어른들을 보라. 하면 할수록 재미있는데 안 빠져들 수 있겠는가?

 ## 두려움에 맞서 열정을 바친다

자기경영 분야에서 활발한 저술과 강연활동을 펼치고 있는 공병호 소장은 매일 새벽 2시에 일어난다. 모두가 잠든 고요한 어명에 일어나 그는 책을 쓰고 강연원고를 준비하는 '1인 기업가' 로서의 업무를 수행한다. 낮 시간에도 강연을 위해 외출하는 것을 제외하고는 자택 겸 사무실에서 온라인과 휴대전화를 통해 외부와 비즈니스 미팅을 하며 사업에 열중한다.

벤처기업 사장의 길을 버리고 자기경영이라는 새로운 분야에 뛰어든 그는 2년도 채 안 돼 저서와 번역서를 10여 권 내면서 하루 24시간이 모자라는 인기 작가이자 탁월한 강연자로 각별한 주목을 받았다. 어지간한 사람은 감히 흉내 내기 어려운 그의 이러한 열정은 어디에서 오는 것일까?

"연봉 1억 5,000만 원이 사라지자 눈앞이 깜깜해지더군요. 월급 없이 살겠다는 결단을 내리기까지는 정말 힘이 들었습니다. 그러나 내 적성에 맞는 일을 하자고 굳게 결심했습니다. 다행히 인터넷 등 통신 네트워크의 눈부신 발전으로 재택근무가 가능한 시대에 태어났기에 이런 사업에 뛰어들 수 있었다고 생각합니다."

이처럼 두려움도 열정을 일깨우는 중요한 요인 중 하나다. 직장에서 해고되거나 승진경쟁에서 탈락함으로써 낙오자가 되고 만 것 같은 두려움, 자신이 만든 제품이나 서비스를 시장에서 아무도 거들떠볼 것 같지 않은 두려움, 주식이나 부동산에 베팅한 돈이 일순간에 날아가 빈털터리가 될 수도 있다는 두려움…. 인간은 본능적으로 이 같은 두려움을 극복하기 위해 열정을 다 바쳐 노력한다.

멋지게 살아보겠다는 의지 또한 열정을 불러일으키는 중요한 원동력이다. '돈에 구애받지 않는 생활을 하고 싶다', '간섭받지 않고 내 멋대로 살고 싶다', '하고 싶은 일 모두 해보고 싶다' 등등.

이는 인간의 가장 기본적인 욕구이자 가장 강력한 동기부여 역할을 한다. 1년만 노력하면 10년을 편하게 살고 3년만 노력하면 30년을 편하게 산다는 확실한 보장만 있다면, 1년이나 3년쯤은 온몸을 바쳐 일할 수도 있지 않겠는가?

주식에 투자하는 사람을 생각해 보라. 과거에는 이른바 '묻지마 투자'를 하는 사람들이 많았지만 최근에는 하루 24시간 중 잠자고 먹는 시간을 빼고는 오로지 주식공부에 매달려 있는 사람들도 많다. 20대나 30대의 젊은 사람들만이 아니라 40대나 50대의 중장년층에서도 치열하게 공부하는 사람들이 적지 않다. 우스갯소리로 그런 정열로 학창시절이나 직장생활을 했다면 무엇을 해도 성공했을 것이라고 말하는 사람도 있을 정도다. 그들로 하여금 나이 들어서도 그토록 공부에 몰두케 하는 동인은 무엇인가? 돈 많이 벌어 편안하고 남부럽지 않게 살고 싶다는 소박한 동기가 아니겠는가?

당신의 열정은 이 가운데 어느 것에 기반을 두고 있다고 생각하는가?

 04

좋아하는 일이 인생을 바꾼다

열대어 전문 인터넷 사이트인 트로피시넷(www.trofish.net)을 운영
하는 김정민씨. 그는 자신에게 선천적으로 물고기를 좋아하는 유전
인자가 있다고 생각한다. 초등학교 5학년 때부터 물고기를 기르기
시작한 그는 군복무를 마치고 복학을 준비하는 동안 열대어 홈페이
지를 만들었다.

취미 삼아 만든 홈페이지에는 의외로 많은 열대어 마니아들이
몰려들어 자발적인 커뮤니티까지 생겨났다. 열성적이고 능동적인
회원들을 대상으로 열대어 판매 사업을 시작한 김정민 실장은 대기

업 연봉을 훨씬 넘는 짭짤한 수입을 올리고 있다. 취미도 훌륭한 사업이 될 수 있다는 것을 증명한 셈이다.

현재 스쿠버다이버로 활동하고 있는 유정웅씨는 한때 반도체 회사에서 구매 과장으로 일했던 경력을 갖고 있다. 유씨는 지방에서 대학을 다녔다는 핸디캡 때문에 일찍이 전문경영자가 되는 일이 힘들 것이라는 판단을 내렸다고 한다. 그리고 언젠가는 고향으로 내려가 하고 싶은 일을 하겠다는 생각을 갖고 있었으며, 입사 때부터 자신의 취미였던 스킨스쿠버 동호회에 가입해 지속적인 활동을 해왔다.

그러던 중 그는 자신의 처음 생각대로 다니던 직장에 사표를 내고 고향인 강원도 주문진으로 내려갔다. 그는 현재 카페와 민박집을 운영하며 스킨스쿠버를 지도하는 일을 하고 있다. 수입 면에서도 훨씬 여유가 생겼다고 말하는 그는 50세가 되기 전에 번듯한 해양 레저 시설을 갖추겠다는 꿈과 비전을 갖고 있다.

인라인스케이팅 마니아이자 드림위즈 부사장인 박순백씨가 홈페이지(spark.dreamwiz.com)를 개설한 시기는 1996년이다. 당시 그가 재직 중이던 '한글과 컴퓨터'의 이찬진 사장이 "윗사람부터 개인 홈페이지를 만들어 모범을 보이자"라는 말에 충실했던 것이다.

스키 광이었던 박씨는 홈페이지에 올릴 만한 것이 마땅치 않았던 터라, 자신의 취미인 스키 관련 칼럼과 정보를 올렸다. 그러나 겨울철에만 탈 수 있는 스키에 많은 아쉬움을 느낀 그는 계절에 관계없이 언제나 즐길 수 있는 스포츠로 인라인스케이팅에 주목했다.

책과 비디오를 통해 혼자서 인라인스케이팅을 익힌 그는 1998년 자신의 홈페이지에 "인라인스케이팅, 배우고 싶은 사람 모여라!"라는 글을 올렸다. 국내에서 이렇게 시작된 인라인 스케이팅은 남녀노소의 구분이나 제한 없이 어느 곳에서나 흔히 볼 수 있는 대중 스포츠로 자리잡았다.

인라인스케이팅과 관련한 유익한 칼럼과 정보가 가득한 박 부사장의 홈페이지는 마니아들의 발길이 끊이지 않고 있으며 인라인스케이팅 관련 사이트 중 점유율이 64%에 이를 정도로 많은 사람들의 사랑을 받고 있다. 인라인스케이팅을 즐기는 네티즌의 영향력에 힘입어 박 부사장은 공동구매나 광고 수입 등으로 2003년 한햇동안 4억 원의 수입을 올릴 수 있었다. 이는 그가 정식으로 근무하는 회사에서의 월급보다 많은 금액이다.

하고 싶은 일을 하면서 일생을 살아갈 수 있다면 얼마나 행복할까? 일과 즐거움이 일체인 삶, 아마 우리 모두가 꿈꾸는 삶일 것이다. 물론 지금까지는 일과 즐거움이 반드시 일치하지 않는 경우도 적지 않았지만 위 사례들은 이제 일과 즐거움이 별개의 것이 아니고, 오히려 즐거움이 있어야 제대로 일도 할 수 있다는 것을 보여준다.

이 같은 현상은 앞으로 더욱 일반화될 것이다. 경쟁이 치열해지면서 고객만족이 점점 더 중시되고 있는 오늘날 추세에 비춰볼 때, 먼저 나부터 내 일을 미치도록 좋아해야 그 일을 고객이나 다른 사람에게 전파할 수 있을 것이 아닌가? 그런 의미에서 자신이 좋아하는 일을 하는 것은 향후 무한 경쟁사회에서 살아남고 성공하기 위한 가장 기본적인 조건이라 할 수 있다. 하지만 좋아하는 일을 한다고 해서 곧바로 모든 문제가 해결되는 것은 아니다. 좋아하는 일이 내가 진정 잘 할 수 있는 성격의 것인지 진지하게 성찰해 보아야 한다.

적성과 시장성, 실천전략을 조화시킨다

좋아하는 일을 하는 건 좋은데, 살아가는 데는 지장이 없는 것일까?

또 지금 하는 일이 좋아하는 일이 아니라면 당장 때려치우고 좋아하는 일을 해도 되는 것인가? 이들 문제에 대해 나름대로의 해답을 준비해야 한다.

가장 중요한 것은 적성의 문제다. 내가 좋아하는 일이 정말 내가 잘 할 수 있는 일이라면 더없이 행복할 것이다. 사업을 하고 싶지만, 정작 자신이 사업에 별로 소질이 없다면 어떻게 할 것인가? 또 변호사로 일하고 싶지만 변호 업무가 자신의 적성에 맞지 않는다면 어떻게 할 것인가? 물론 끊임없는 긍정적 사고를 통해 적성 자체를 바꿀 수 없는 것은 아니지만 중요한 것은 적성을 바꾸는 데 들이는 노력이 적성을 바꿔 얻을 수 있는 이익보다 커서는 안 된다는 점이다. 가능하다면 적성의 범위 내에서 자신이 좋아하는 일에 매진하는 것이 바람직할 것이다.

둘째는 시장성의 문제다. 내가 좋아하는 일에 많은 사람들이 주목하고 있고, 내가 그들에게 도움을 줄 수 있는 능력을 갖고 있다면 찾는 고객 수도 늘어나고 수입도 커질 것이다. 현재의 직업으로 말하면 의사나 변호사가 이 같은 사례에 해당할 듯하다. 내가 하고 싶어하는 일은 과연 이런 시장성이 있는가? 지금은 아니더라도 가까운 미래에는 충분히 시장성이 있다고 생각되는가? 좋아하는 일을 하려면 생활상의 여유도 중요한 요소인 만큼 이 문제에 대해서도 진지한 고려가 필요하다.

셋째는 실천전략상의 문제다. 지금 하는 일이 마음에 안 든다면 당장 그만두고 내가 하고 싶어하는 일을 해야 할 것인가? 그렇게 할 수 있는 충분한 여유가 있다면 그렇게 해도 좋다. 그러나 현실이 그런 과감한 결단을 할 수 있을 만큼 준비되어 있지 않다면 타협을 할 필요가 있다.

낮에는 직장 일을 하고 밤에는 자신이 하고 싶어하는 일을 하는 '투 잡(two jobs)'을 갖는 것도 그 중 한 방법이다. 두 가지 일을 하면서 자신이 하고 싶어하는 일의 가능성을 검토해 보고 적성에 맞고 시장성도 충분하다고 판단되면, 그 때 가서 과감하게 인생에 승부수를 띄워보는 것도 효과적일 것이다.

성공의 모델하우스를 마음 속에 그려라

햇빛이 화창한 봄날, 잔디밭에 앉아 돋보기를 종이에 가까이 대고 지그시 지켜본 경험이 있는가? 돋보기를 통과한 뜨거운 빛이 종이의 한 부분을 까맣게 태우다가 이내 연기가 피어오르며 불이 붙고 만다. 성냥이나 라이터를 사용한 것도 아니고, 저 멀리 있는 태양을 배경 삼아 돋보기로 초점을 맞추기만 했을 뿐인데도 활활 타는 불이 생긴다는 게 어릴 때는 정말 신기했었다.

우리 인생의 목표도 마찬가지다. 선명하고 구체적인 목표를 설정한 다음 혼신의 노력을 다하다 보면 사람마다 시간차이는 있겠지만 어느 사이엔가 자신 속에 잠자고 있는 뜨거운 열정이 화산의 용암처럼 부글부글 끓기 시작한다. 그러다가 마침내 바깥으로 분출됨으로써 자신과 주변을 완전히 새로운 모습으로 변화시킨다.

이 같은 목표를 당신은 갖고 있는가? 우리는 그저 '부유해지고 싶다', '여유 있게 살고 싶다' 등과 같은 막연한 목표만을 꿈꾸며 초점 없는 하루하루를 보내고 있는 것은 아닐까? 그러다가 인생 황혼에 이르러 이루어지지 않은 꿈을 아쉬워하며 쓸쓸한 여생을 보내야 하는 것은 아닌지 자문해 볼 일이다.

목표가 인생의 항로에 영향을 미친다

미국 하버드 대학 심리학연구소가 65세 정년퇴직자들을 대상으로 한 조사에 따르면, 그들은 다음과 같은 네 가지 유형의 삶을 영위하는 것으로 나타났다.

첫번째는 '풍요한 노인층.' 응답자 중 3% 정도가 여기에 해당된다. 퇴직 후에도 남에게 의존하지 않고 최고의 부와 명예를 누리며 떳떳하게 살아가는 사람들이다.

두번째는 '불편 없는 노인층.' 응답자 중 10% 정도가 여기에 해당된다. 퇴직 전과 마찬가지로 큰 불편 없이 여생을 보내고 있는 사람들이다.

세번째는 '하루살이 노인층.' 응답자 중 60%로 가장 비중이 높은 유형이다. 하루하루를 겨우 살아가는 사람들이다.

네번째는 '의존적 노인층.' 응답자 중 27%가량이 여기에 해당된다. 혼자서는 도저히 살 수 없어 자선단체나 구호기관, 양로원 등 남의 도움을 받을 수밖에 없는 사람들이다.

재미있는 사실은 이 네 유형의 노인층이 젊어서는 각기 다른 가치관을 갖고 있었다는 것이다. '풍요한 노인층'은 젊어서부터 목표를 구체적으로 세워, 이를 글로 써 품고 다니며 적극적으로 실천에 옮겼다고 대답했다.

'불편 없는 노인층'은 나름대로 인생 목표는 있었지만 그것을 글로 써놓지 않아 이를 제대로 실천하지 못했다고 술회했다.

'하루살이 노인층'은 인생에서 성공하겠다는 목표는 있었지만 막연히 생각만 했을 뿐, 실천에는 이르지 못해 그 꿈이 결국 백일몽에 그쳤다며 아쉬워했다. 마지막으로 '의존적 노인층'은 인생에 있어 목표를 전혀 갖지 않았다고 밝혔다. 이처럼 목표는 인생의 행로를 결정하는 데 중요한 영향을 미친다.

어떻게 목표를 세울 것인가?

목표를 설정할 때는 이른바 'SMART 원칙'을 새겨둘 필요가 있다.

S(specific) : 목표는 구체적이어야 한다. 예를 들어 '부자가 되겠다' 는 목표가 아니라 '연봉을 올리겠다' 는 목표가 되어야 한다.

M(measurable) : 목표는 측정 가능해야 한다. 예를 들어 연봉을 1,000만 원 올리겠다는 것과 같은 명확한 수치가 필요하다.

A(agreed upon) : 목표는 자신이 납득할 수 있는 것이어야 한다. 스스로 고심 끝에 생각해 낸 것이 아닌 남으로부터 주어진 목표는 목표 실현을 위한 동인을 이끌어낼 수 없다.

R(realistic) : 목표는 현실적이어야 한다. 비현실적인 목표는 스스로가 납득하지 못하기 때문에 실현 가능성이 별로 없다.

T(time-constrained) : 목표에는 기일을 정해야 한다. 예를 들어 '올해 말까지 반드시 목표를 달성하겠다' 는 것과 같은 식이다.

SMART 원칙을 실행할 때는 다음 사항들도 염두에 두어야 한다.

첫째, 글이든 이미지든 언제나 시각적인 형태로 목표를 설정해 놓아야 한다. 내 집 마련을 위해 모델하우스를 방문해 구석구석 꼼꼼히 살펴보듯이, 자신이 이루고 싶은 인생 목표가 있다면 그에 따른 모델하우스를 갖고 있어야 한다. 실제로 아파트를 갖고 싶다면 갖고 싶은 아파트의 사진을 찍어 갖고 다니고, 본받고 싶은 성공적 인물이 있으면 그 사람의 사진에 자신의 얼굴을 합성해 갖고 다녀라. 또 아파트를 살 수 있는 방법과 성공적 인물이 될 수 있는 방법을 모두 글로 적어 품고 다녀라. 그리고 틈나는 대로 꺼내어 읽어보라. 그렇게 하면 당신의 잠재의식은 당신에게 목표를 달성할 수 있는 좀더 효과적인 방법을 알려줄 것이다. 당신은 잠재의식이 알려주는 대로 실천에 옮기기만 하면 된다.

둘째, 성공경험을 축적해 나갈 필요가 있다. 목표는 근사하지만 아무리 애를 써도 실현되지 않아 결국 포기하고 말았다는 사람들의 경험담을 들은 적이 있을 것이다. 그 이유에는 여러 가지가 있겠지만 대부분 목표를 너무 크게 잡아 자신의 잠재의식이 감당할 수 있는 수준을 넘어선 결과로서 그런 일이 나타난다. 100만 원이 생기면 100만 원짜리 아이디어가 생기고, 1,000만 원이 생기면 1,000만 원짜리 아이디어가 생기는 법이다. 현재 무일푼 처지의 사람이 1억 원짜리 아이디어를 생각해 봐야 잠재의식은 비현실적이라고 생각하고는 별로 관심을 기울여주지 않는다. 커다란 꿈을 장기적 비전으로 삼되, 당장의 목표는 노력을 통해 달성 가능한 것으로 만들어 작은 성공경험을 자주 맛볼 수 있도록 해야 한다. 성공경험이 축적되면 점차 목표도 커지고 열정도 충만해진다. 이 때 비로소 잠재의식 또한 목표를 현실적으로 받아들임으로써 그 실현을 위해 적극적으로 나서게 된다.

분명한 목표가 인생에서 얼마나 중요한지를 최윤희씨는 《고정관념 와장창 깨기》라는 책에서 다음과 같은 재미있는 사례로 소개하고 있다.

수원역 택시 정거장을 서성이는 거지 할머니 두 사람이 있었다. 한 노파는 들릴락말락 하는 목소리로 말했다. "좀 도와주세요! 좀 도와주세요!" 무작정 도와달라는 사람을 만나면 부담스럽기도 하고 약간 헷갈리기도 한다.

'천 원을 달라는 거야? 만 원을 달라는 거야? 아니면 인생을 통째로 도와달라는 거야?' 그래서 사람들은 그저 지나쳐버리고 만다.

그런데 또 다른 할머니는 이렇게 말했다. "춥고 배고픈데 100원만 주세요!" 지나가던 사람이 할머니에게 물었다. "고작 100원으로 뭘 할 수 있겠어요, 할머니?" "답답한 사람 같으니…. 4,000만 국민이 100원씩만 줘봐. 40억이잖아!"

지나가던 사람들은 웃음을 지으며 100원 또는 천 원짜리 지폐를 그 할머니 손에 쥐어주었다. 영리한 할머니는 천 원짜리 지폐는 재빨리 호주머니 속에 집어넣었다.

"할머니 소원은 뭐죠?"라는 질문에 "나 같은 사람이 무슨 소원이 있겠어?"라고 대답하며 손사래를 친다. "그래도 사람들은 누구나 바라는 게 한 가지씩은 있잖아요?"라고 재차 질문하니 "지금은 지하셋방에 사는데 더운 물이 안 나와. 더운 물이 나오는 아파트 문간방으로 월세로라도 이사 갔으면 좋겠어!"라고 자신의 소박한 희망을 펼쳐보인다.

당신은 이 할머니와 같은 구체적 비전과 목표를 갖고 있는가?

집중력이 성공의 승패를 좌우한다

승자가 되지 못하면 패자가 되는 수밖에 없다.

— 이정명

한 청년이 왕을 찾아와 성공적인 인생에 대해 가르쳐달라고 졸랐다. 왕은 술잔에 포도주를 가득 부어 청년에게 주었다. "포도주 잔을 들고 시내를 한 바퀴 돌고 오면 성공비결을 가르쳐주겠다. 단, 포도주를 한 방울이라도 흘리면 네 목을 베리라."

청년은 땀을 뻘뻘 흘리며 시내를 한 바퀴 돌고 왔다. 그러자 왕이 물었다. "시내를 돌며 무엇을 보았느냐? 거지와 장사꾼들을 보았느냐? 혹시 술집에서 새어 나오는 노래 소리를 들었느냐?"

청년이 대답했다. "포도주 잔에 신경을 쓰느라 아무것도 보고 들지 못했습니다."

"바로 그것이 성공의 비결이다. 인생의 목표를 확고하게 세우고 일에 집중하면 주위의 유혹과 비난이 들리지 않을 것이다."

 ## 집중력이 성공을 견인한다

안철수연구소의 안철수 사장은 자신의 유일한 강점으로 집중력을 들었다. 집중을 하면 천둥이 쳐도 들리지 않을 정도로 무아지경에 빠지는 경우가 많다는 것이다. 어떤 때는 겨우 몇 분 동안 책을 봤다고 생각했는데 서너 시간이 훌쩍 지난 것을 알고는 스스로 놀라기도 했다고 한다. 이 같은 집중력에 힘입어 그는 대학시절에 의학 공부와 백신개발이라는 어느 하나도 제대로 하기 어려운 일을 둘 다 훌륭하게 수행해 냈다.

그렇다. 집중력은 성공의 가장 중요한 요인이다. 아빠나 엄마의 성화에 못 이겨 억지로 책상에 앉아 있는 아이와 스스로 좋아서 공부하는 아이를 생각해 보자. 억지로 공부하는 아이라면 책상에 10시간을 앉아 있어도 잡념과 뒤척임으로 제대로 공부하는 시간은 채 한두 시간이 안 될 수 있다. 반면 스스로 좋아서 공부하는 아이는 두세 시간 집중적으로 공부함으로써 그렇지 못한 아이보다 두세 배 이상 효과를 올릴 수 있다. 매일 책상머리에 붙어 있어도 공부를 잘

못하는 아이와, 잘 놀면서도 학업에 뛰어난 아이의 차이는 바로 이 집중력에 있다.

어른이 되면 어떤가? 학창시절에는 우등생이었던 사람이 사회에서는 영 잘 안 풀리는 경우가 많다. 학교에서는 공부만 잘 하면 우등생이었지만 사회에서는 공부뿐 아니라 집중력, 인간관계, 창의성, 리더십 등도 매우 중요한 성공요인으로 꼽힌다. 따라서 학교 우등생이 사회 우등생과 반드시 일치하지 않는 것은 어쩌면 당연한 일이라고 할 수 있다.

특히 집중력은 학창시절 이후의 성공을 결정하는 데 매우 중요한 요인으로 작용한다. 돈 걱정이나 가정 걱정 없이 자신의 전문분야에 매진하고 있는 사람과 매일 이런저런 고민으로 방황하고 있는 사람을 생각해 보자. 5년 간만 이런 패턴이 지속되면 두 사람의 차이는 엄청나게 벌어질 것이다. 학창시절에 뛰어났던 사람도 이런저런 이유로 세파에 시달리게 되면 그 능력이 뚜렷하게 떨어진다. 이는 바로 집중력 때문이다. 반면에 학창시절에는 별볼일 없던 사람이 어느 순간 독한 마음을 먹고 자신이 하고 싶은 분야에 매진하기 시작하면 누구도 예상치 못한 성과를 내는 것도 바로 이 집중력 때문이다.

이처럼 중요한 집중력을 기르기 위해서는 어떻게 해야 할까?

첫째, 목표가 분명해야 한다. 이걸 할까, 저걸 할까 망설이는 사람에게 집중력을 기대하기란 어렵다. 어린아이가 자신이 좋아하는 게임에 시간 가는 줄 모르게 열중하듯, 정말 하고 싶은 일을 목표로 삼아야만 미친 듯이 자신을 쏟아 붓는 집중력을 가질 수 있다.

둘째, 생활이 단순해야 한다. 여기저기 벌려놓은 일이 많으면 신경 써야 할 일도 많아져 좀처럼 집중하기가 어렵다. 생활을 단순화함으로써 세상 잡사에 휘둘리는 일을 미리 차단할 수 있을 때 자신의 일에 오로지 전념할 수 있다.

셋째, 시간 잡아먹는 하마를 경계해야 한다. 매일 시세를 들여다보며 일희일비할 수밖에 없는 주식투자나 한번 빠져들면 마약과 같은 중독성으로 헤어나기 어렵다는 인터넷 채팅 등은 집중력을 갉아먹는 대표적인 원흉들이다. 《김대중 죽이기》, 《노무현과 국민사기극》 등의 화제의 책을 펴낸 바 있으며 최근에도 매달 평균 한 권가량의 책을 집필하는 괴력의 소유자 강준만 전북대 교수는 "인터넷에는 거의 들어가지 않는다"고 하면서 다음과 같이 말한다.

"나는 '집중'을 좋아한다. 인터넷에 낭비할 시간이 없다. 낭비라고 하면 펄쩍 뛸 네티즌들이 있겠지만 아는 사람은 안다. 인터넷이 시간 잡아먹는 괴물이라는 것을."

당신의 생활은 어떠한가? 20%의 성과밖에 내지 못하는 80%의 일에 매달려 있지는 않은가? 아니면 80%의 성과를 내는 20%의 일에 집중하고 있는가?

 07

열정으로 성공의 파이를 키워라

모든 위대한 업적은 세상을 자신에게 맞추려는
특이한 자에 의해 이루어진다.
반면에 평범한 사람은 자신을 세상에 맞춘다.
– 버나드 쇼

 평범한 사람의 남다른 열의 · 성의 · 창의

평범한 수준의 용인자연농원을 세계 5대 테마파크로 꼽히는 오늘
날 에버랜드로 탈바꿈시킨 인물. 경영자평가가 그 어느 곳보다도
까다로운 삼성에서 에버랜드 CEO로서 10년 이상 근무하면서 최장
수 CEO 재임 기록을 세운 인물. 보통사람으로서는 조그만 기업 하
나를 경영하는 것만도 벅찬 일인데, 대기업인 에버랜드와 호텔신라
두 곳의 CEO를 겸직했던 인물. 최고의 의사결정기구인 5인 구조조

정위원회의 멤버로 임명돼 명실공히 삼성그룹의 최고경영진 반열에 오른 인물.

현재 삼성석유화학 사장으로 일하고 있는 허태학씨의 화려한 이력이다. 이 같은 이력만을 놓고 보면 그는 당대 최고의 인물임에 틀림없다. 그러나 그의 화려한 이력의 이면에는 많은 그늘이 드리워져 있다. 그는 오랫동안 우리 사회가 차별해 온 지방대학 출신이었다. 그 때문인지 사회에서의 첫 출발도 별로 눈에 띄지 않았다.

그가 학군(ROTC) 장교로서 군복무를 마치고 첫 직장으로 배치된 곳은 현 에버랜드의 전신인 중앙개발. 그가 입사했던 1960년대 후반은 개발년대의 초기로서 금융업이나 무역업이 중시되던 시기였다. 따라서 서비스 업종인 중앙개발로의 발령은 썩 마음 내키는 일이 아니었다. 아울러 가족들의 반대도 심했다. 그러나 사회 초년생 허태학은 열정을 갖고 최선을 다해 자신의 일을 수행해 나갔다.

그에게 주어진 첫번째 과제는 호텔신라 건설 프로젝트. 이를 계기로 그는 호텔 프로젝트팀에 영입돼 호텔업이라는 신규사업에 몸담게 된다. 그는 여기에서 끊임없이 새로운 프로젝트를 기획·실행해 나갔다. 호텔에서 면세점 사업을 최초로 시작한 지 6개월 만에 상위 업체 수준의 시장점유율을 달성했고, 1986년 아시안게임 때는 모두가 어렵다고 생각했던 선수촌과 기자촌 식당의 운영권을 따냈다.

　1990년에는 제주신라호텔의 신규사업 기획에서부터 건설 전반을 총지휘함으로써 1년 만에 객실 가동률 90%를 달성하고 업계 1위에 오르는 등 신규사업만을 전문적으로 추진하면서 이들 모두를 확실한 성공대열로 진입시켰다. 이로써 ‘드라이브 허’라는 별명까지 얻기에 이르렀다.

　그의 성공비결은 무엇인가? 그 비밀은 일에 대한 엄청난 열정에 있다. 그는 스트레스조차 일을 통해 해소한다고 할 정도의 자칭 ‘걸어다니는 워커홀릭’이다. 그의 하루 평균 수면시간은 4~5시간에 불과하며, 정기적인 운동시간을 제외하고는 업무에 파묻혀 살고 있다.

　그는 한 번도 자신만의 시간을 온전히 가져본 적이 없다고 털어놓았다. 또한 지금껏 자신에게 부여된 일들이 대부분 신규 프로젝트였기 때문에 남들보다 훨씬 더 노력하지 않으면 성공할 수 없었다고 회상했다. 또 가난한 나라, 가난한 민족, 가난한 이웃, 그리고 부족한 자신을 채우고 가꾸기 위해서는 남다른 열의 · 성의 · 창의를 바탕으로 실적을 쌓지 않으면 안 되며, 남보다 뒤져 있다고 생각되면 재빨리 남보다 앞설 수 있는 방법과 대책을 강구해야 한다는 신념이 언제나 뇌리를 떠나지 않고 있다고 덧붙였다.

　일류대학을 나오지 못했다고 미리 주눅 든 적은 없는가? 지방대학 출신이라고 해서 아예 처음부터 자신의 가능성을 제한하고 인생 목표를 하향조정한 적은 없는가?

목표가 서면 전력투구한다

2003년 2월 경희대에서 석사학위를 받은 장미현씨는 2001년부터 2년 간 권위 있는 국제 학술잡지들[SCI(Science Citation Index)에 등재된 학술지]에 37편의 논문을 기고한 '세계적인 과학자' 다. 서울대 교수 1인당 연간 SCI 논문 발표 건수는 평균 3편 정도다.

2003년 2월 배재대에서 공부한 한성배씨는 졸업식에서 두 개의 문학사(철학·국어국문학 전공)와 경제학사(전자상거래학 전공) 등 학사 학위 세 개를 동시에 받았다. 그는 학위 세 개를 따기 위해 1996년부터 학부제와 함께 도입된 '다전공제' 를 적극 활용했고 여름방학에는 계절학기 강좌를 수강했다. 이 같은 노력의 결실로 그는 대기업을 비롯해 10여 개 기업의 입사시험에 합격할 수 있었다.

지방대 출신에다가 여성이라면 아마도 대부분 평범한 결혼생활 정도를 삶의 목표로 삼지 않을까? 취입원서도 내보지 못히는 헌실을 한탄하며, 비슷한 처지의 친구와 소줏잔을 기울이며 울분을 삭이고 있는 지방대 출신 남성들도 많지 않을까? 실제로 장미현씨는 집에서 "여자가 무슨 공부냐? 그냥 결혼이나 해서 편하게 살라"며 만류했다고 한다. 그러나 어려서부터 과학공부가 좋았다는 장씨는 자신의 약점을 극복하기 위해서는 무엇보다 세계적으로 주목받는 논문을 발표해야 한다는 일념으로 평일은 물론 일요일에도 밤늦도록 연구실의 불을 밝혔다.

자신의 가능성을 스스로 폄하하는 한 암울하고 재미없는 현실에서의 탈출은 불가능에 가깝다. 따라서 먼저 자신 속에 잠재해 있는 무한한 가능성을 하루 빨리 발견해야 한다. 목표를 분명히 하고 열정을 갖고 전력투구한다면 어떤 목표도 달성할 수 있다는 사실을 깨닫는 것이 무엇보다 중요하다. 이른바 이류, 삼류 출신이라도 열정을 갖고 덤벼들면 현실에 안주하는 일류 출신을 쉽게 추월할 수 있다.

시간은 금이다, 열정은 황금이다

시간을 흘려보내는 것은 인간의 몫이 아니다.
삶은 짧고 죄는 늘 여기에 있다.
    - 엘리자베스 브라우닝

부지런한 사람들은 어쩌다 한번 푹 쉬고 게으른 사람들은 어쩌다 한번 부지런해진다.

재미있는 것만 즐기며 시간을 보내다 보면 당신의 삶 자체가 곧 지루해질 것이다.

당신이 헛되이 보낸 오늘은 어제 세상을 떠난 사람들이 그토록 원했던 내일이다.

오늘은 당신에게 남아 있는 생의 첫날이다.

시간의 중요성을 알려주는 명언들이다. 이들 명언이 아니더라도 시간이란 더없이 중요하다는 사실을 누군들 모르랴. 직장에서 살아 남기 위해서는 경쟁력도 높여야 하고, 최근 유행하는 부자아빠가 되기 위해서는 재테크에도 신경 써야 한다. 또 집안에서 왕따당하지 않으려면 가족에게도 배려를 해야 하고 나이가 들면서 뚜렷이 느끼는 체력 저하나 몸의 이상을 예방하기 위해서는 건강 또한 정성껏 돌봐야 한다.

그러나 이 모든 것을 제대로 해내기 위해서는 하루 24시간이 턱없이 부족하다. 많은 직장인들이 어둠이 채 가시지 않은 새벽녘에 학원에 나가 졸린 눈을 부비며 잘 들리지도 않는 영어회화에 귀를 기울이고 있으며, 아침식사는 먹는 둥 마는 둥 하거나 회사 주변 포장마차에서 토스트로 간단히 때우기 일쑤다.

출근하자마자 회의다, 고객상담이다 해서 하루 종일 정신없이 뛰어다닌다. 퇴근 후에도 이곳저곳 술자리에 불려다니며 별 실속없이 시간을 보내는 경우가 많다.

바쁜 일상 속에서 적잖은 직장인들은, 자신의 경쟁력이 향상되고 있다기보다는 오히려 퇴보하고 있다는 느낌을 감추기 어렵다. 40대 이후에는 자신의 길을 독자적으로 찾아야 한다는 강박관념에 짓눌려 있는 사람들도 많다.

이처럼 하루하루 바쁘게 살아가는데, 왜 항상 생존 자체를 걱정

하지 않으면 안 되는 수준에 머무르고 있는 것일까? 타고난 능력이나 주변 여건의 탓도 있겠지만 시간을 제대로 활용하지 못하는 데에도 그 커다란 원인이 있다.

시간은 누구에게나 평등하게 하루 24시간, 1,440분, 8만 6,400초가 주어진다. 그러나 자신의 삶에 진정 도움이 되는 시간만을 계산해 보면 사람마다 제각각 커다란 편차가 나타난다. 인생을 효율적으로 살아가는 사람은 자신에게 주어진 시간을 거의 낭비하지 않는다. 이를 통해 모든 방면에서 풍요하고 여유 있는 생활을 누린다. 반면에 시간을 제대로 활용하지 못하는 사람들은 내내 '바빠! 바빠!'를 연발하면서도 경제적·시간적으로 고단한 삶을 이어간다.

# 선택과 집중의 전략

좀더 여유를 가지면서 경쟁력을 높일 수 있는 좋은 방법이 없을까?

이를 위해서는 먼저 자신의 삶에 진정 도움이 되는 소중한 일이 무엇인지 분명히 인식해야만 한다. 소중한 것을 얻기 위해 덜 소중한 것을 버리는 선택과 집중의 전략은 기업경영에서 뿐만 아니라 자기경영에서도 적용되는 항상된 원리이기 때문이다. 자신의 삶에서 무엇이 소중한지 깊이 생각하지 않은 채 하루하루를 살아간다면 머잖아 사소한 일상에 파묻혀 실속 없이 분주하고 피곤한 삶을 맞이하게 될 것이다.

소중한 일이란 자신이 열정을 쏟을 수 있는 일을 말한다. 열정을 쏟을 수 있는 일은 집중력을 수반하기 때문에 열정이 없는 시간에 비해 3~4배 이상의 성과를 올릴 수 있다. 그래서 시간적으로는 20%에 불과한 투입으로도 전체 성과의 80%를 창출해 내는 이른바 '20 대 80' 법칙이 적용되는 일이라고 할 수 있다.

열정을 쏟을 수 있는 일은 또한 즐거움을 수반하기 때문에 시간을 양적으로 확대하는 데에도 커다란 도움이 된다. 안철수 사장이 의대를 다니면서 컴퓨터 바이러스 백신을 개발하기 위해 하루 두세 시간가량 잠을 잤다는 사례와 미국 유학시절 이틀에 한 번 꼴로 잠자리에 들었다는 믿기 어려운 일화는 시간활용에서 열정이란 것이 얼마나 중요한 역할을 하는지 잘 보여준다. 하기 싫은 일은 잠을 줄여가며 매달려봐야 별로 성과도 오르지 않고 자칫 신체 리듬의 부조화만 가져올 수 있다. 진정 하고 싶은 일에 열중하는 사람들은 몇 시간밖에 자지 않아도 피곤을 모른 채 즐거운 일상을 영위해 나갈 수 있다.

따라서 무엇보다 열정을 쏟을 수 있는 소중한 일을 발견하라!

시간을 양적·질적으로 최대한 활용할 수 있게 이끌어주는 최고의 시테크 전략을 당신은 갖고 있는가?

성공을 향해 무소의 뿔처럼 가라

숲은 어둡고 깊고 아름답다.
그러나 나는 지켜야 할 약속이 있다.
잠자기 전에 수 마일을 더 가야 한다.
잠자기 전에 수 마일을 더 가야 한다.
— 마르셀 프루스트

누군가 당신의 꿈을 비웃는다면, 당신 또한 그냥 웃어버려라. 사람들은 당신의 꿈이 결코 실현되지 않을 것이라고 말할 것이다. 해직 공무원 출신의 정문술 사장이 반도체 장비업을 하겠다고 나섰을 때, 당내 지지기반이 거의 없었던 노무현씨가 대통령후보 경선에 참여하겠다고 결심했을 때, IMF 외환위기라는 최악의 상황에서 윤석금 웅진코웨이 사장이 정수기 렌털 사업을 하겠다고 발표했을 때, 현재는 보험 판매왕으로 불리고 있지만 처음에는 낯선 사람과 눈조차 마주치지 못하던 조주환씨가 보험영업에 뛰어들었을 때, 뇌

성마비 장애인 오대규씨가 벤처기업을 세우겠다고 불편한 몸을 이끌고 이곳저곳 분주히 뛰어다녔을 때, 현실을 모르는 순진한 생각이라고 폄하하며 절대로 성공할 수 없는 터무니없는 발상이라고 모두가 비웃었다.

그러나 결과는 어떻게 됐는가?

모두가 '그것은 될 것 같다'고 얘기할 때는 오히려 그 성공 가능성을 의심하라. 모두가 된다고 얘기하면 사람들이 앞다투어 너나 할 것 없이 뛰어들 것이고 결과적으로 소문난 잔치에 먹을 것 없는 형국이 되고 말 것이다.

이제는 정말 흔해빠진 PC방 사업을 생각해 보라. PC방이 처음 선을 보였을 때, 누군가가 당신에게 PC방 사업을 해보면 어떻겠냐고 제안을 했다면? 보통의 경우라면 십중팔구 '그게 되겠어? 애들 코 묻은 돈이나 노리는 얄팍한 상술이지' 하며 내심 비웃었을 것이다. 그러나 인터넷 게임이 붐을 일으킬 것이라고 예측한 사람들은 PC방 사업에 발빠르게 뛰어들어 대박을 터뜨렸다.

물론 남이 가지 않는 길을 나 홀로 먼저 간다고 해서 반드시 성공한다는 보장은 없다. 어떤 일은 그 결과가 불 보듯 너무도 뻔한 탓에 100% 실패하는 경우도 있다. 그러나 비즈니스 세계에서는 시도 자체가 성공과 직결되는 경우를 많이 찾아볼 수 있다.

국내에서만 100만 부 이상이 팔려 나갔으며, 일본·대만 등 해외로까지 수출된 《영어공부 절대로 하지 말라》는 책의 저자는 처음에 몇몇 출판사와 접촉했지만 모두 퇴짜를 맞았다고 한다. 천신만고 끝에 사회평론사와 계약을 체결함으로써 영어공부에 엄청난 스트레스를 느끼고 있던 학습자들의 관심과 정서에 맞아 떨어지면서 초대형 베스트셀러로 떠오를 수 있었다.

또 이제는 전세계 어린이들의 필독서가 돼버린 조앤 롤링의 《해리포터》 시리즈도 처음에는 무려 12개 출판사로부터 거절당했다. 롤링은 출판사로부터 어린이 책으로는 돈을 벌 수 없다는 차가운 대답만을 들었을 뿐이었다. 《해리포터》를 출간한 블룸스베리사에서도 처음에는 거절당했지만 재심과정에서 겨우 빛을 보게 되었다.

자신이 하고 있는 일이 안 될 것이라고 미리 예단하지 말라. 또 철저한 사전준비를 핑계로 이런저런 조사를 하다가 가능한 이유보다 불가능한 이유만을 잔뜩 늘어놓는 오류도 범해서는 안 된다.

본래 약간 무식한(?) 사람이 판을 벌이는 법이다. 알면 알수록 한계가 보이니 차라리 무식한 쪽이 꿈을 실현시키는 데 좀더 효과적인 셈이다.

일명 '사오정 전화기'라고 불리는 초소형 제품을 시장에 출시한 지영천 사장. 그는 조그맣고 예쁜 전화기를 만들기만 하면 시장에서 승부수를 던질 수 있고, 또 그런 전화기를 충분히 만들 수 있을 것이라고 생각했다. 그러나 막상 생산에 들어가려고 하자 정작 초소형 전화기에 필요한 회로를 구할 수 없었다. 당시에는 일반 전화기에 필요한 회로만이 생산되고 있었기 때문이다. 예상치 못한 난관에 봉착한 지 사장은 발이 닳도록 전문가를 찾아다니는 등 수많은 시행착오를 거치면서 독자적으로 회로를 만들지 않으면 안 되었다. 결국 2년여에 걸친 열성적인 노력 끝에 회로를 완성, 제품 개발에 성공할 수 있었다. 하지만 만약 사업 준비단계에서 회로를 구할 수 없다는 난관을 알고 있었다면 사오정 전화기의 개발은 아예 엄두를 내지 못했을 것이라고 지영천 사장은 회고한다.

이 같은 점들로 미루어볼 때 중요한 것은 어떤 일의 성사 여부가 아니라, 그 일의 성공을 이끄는 열정을 갖고 있느냐의 여부다. 될 수 없는 것은 될 수 있도록 만들어야 한다. 뜨거운 열정이 있다면 성공의 폭과 깊이도 그만큼 높고 뜨거워진다.

인내심의 바닥을 치고 눈부시게 올라오라

인생을 두려워하지 말라. 인생은 살 만한 가치가 있다고 믿어라.
그러면 그 믿음이 성공을 창조해 낼 것이다.

— 윌리엄 제임스

중학교를 마친 소년 변두섭은 절망뿐인 자신의 현실에서 도피하고 싶어 무작정 서울행 기차에 몸을 실었다. 그러나 차가운 서울의 인심은 그를 따뜻하게 맞이해 주지 않았다. 간신히 웨이터 일자리를 얻은 소년은 온갖 허드렛일을 하면서 하루하루를 힘겹게 보냈다. 그러다가 손님들의 신청곡을 틀어주고 멋진 멘트를 하는 '디스크 자키(DJ)' 일에 관심을 갖게 되었다. 청소를 핑계 삼아 DJ 박스를 드나들다가 보조 DJ가 된 소년은 10여 년 간 DJ 생활을 하면서 당시로서는 생소하기만 했던 연예 매니지먼트 사업을 해보겠다는 꿈을 키웠다.

　가장 먼저 그가 도전장을 내민 사업은 무명 가수의 음반제작 사업이었다. 그러나 얼마 안 되는 돈으로 시작한 이 사업은 자금난과 음악을 전문적으로 편집하는 감각이 너무 부족했기 때문에 음반을 만들어보지도 못한 채 실패로 끝났다.

　그는 처음의 실패를 거울 삼아 음반 사업에 두번째 도전을 한다. 이번에는 여기저기서 돈도 끌어 모으고, 처음보다는 훨씬 체계적인 방법으로 사업을 진행했다. 그러나 또다시 실패의 쓴잔을 맛봐야 했다. 음반에 담긴 노래가 방송 전파를 타야 매출을 올릴 수 있는데 홍보할 방법조차 전혀 몰랐던 그에게 두번째 실패는 이미 예정된 것이나 다름없었다.

　이제 세번째 도전. 그는 두 차례의 실패를 밑거름으로 많은 것을 배웠다. 이번에는 홍보만 제대로 할 수 있다면 그 동안의 실패를 만회할 수 있을 뿐 아니라 크게 성공할 수 있다는 확신에 차 있었다. 그는 정식으로 회사 이름을 지었다. 예술의 전당을 만들겠다는 꿈을 담아 '예당' 이라는 사명을 만든 것이다. 그러나 지난 두 차례의 계속된 실패로 자금이 완전히 바닥난 그는 개업식에서 고사를 지낼 때 필요한 돼지머리 하나 마련하지 못하는 처지였다.

　이처럼 힘겨운 상황에서 다시 음반제작에 도전했다. 그가 제작하는 음반에 목소리를 담을 가수는 자신의 피아노를 꼭 한 대 갖고 싶다는 소박한 꿈을 가진 무일푼의 최성수였다. 두 사람은 의기를 투합해 약 석 달 간 혼신의 힘을 기울여 음반을 만들어냈다. 그러나 방송사 PD들은 그 음반에 관심을 보이지 않았다. 이제 더 이상 어떻게 해볼 수 없는 막바지 상황에 내몰린 것이다.

결국 두 사람은 방송으로는 사람들에게 노래를 들려줄 수 없으니, 마지막 방법으로 콘서트를 열어보자고 발상을 전환했다. 어려운 상황 속에서 힘겹게 마련된 콘서트였다. 그리고 콘서트 당일, 두 사람은 초조한 마음으로 관객을 기다렸다. 많은 관객을 기다렸지만 그 공연을 보기 위해 자리를 찾은 사람은 고작 네 명이 전부였다. 이제 모든 걸 포기하는 수밖에 없었다. 그리고 다시 보름의 시간이 지나갔다.

어찌된 일인지 라디오의 전파를 타고 최성수의 노래가 흘러나오기 시작했다. 가수가 누구인지조차 모르고 그의 노래를 흥얼거리는 사람이 많아지기 시작했다. 갑자기 최성수의 노래가 사람들의 입을 통해 유행하면서 대중적인 인기를 얻은 것이다. 방송사에서는 출연 요청이 쇄도했고 음반이 불티나게 팔리기 시작했다. 현재 국내 음반 산업의 거인으로 우뚝 선 예당은 이런 우여곡절을 겪으며 그 모습을 세상에 드러냈다.

성공은 언제나 우리의 인내심을 시험한다. 인내할 수 있는 극한 상황의 바닥까지 시험함으로써, 마지막까지 견디지 못하고 쓰러지는 사람들을 철저하게 걸러낸다. 그러나 이리 흔들고, 저리 흔들어도 끝까지 버텨내는 사람들이 있다. 오히려 흔들면 흔들수록 더욱 강해지는 사람들도 있다. 이들은 최후의 순간에 회심의 미소를 지으며 성공의 기쁨을 만끽한다.

4년이란 긴긴 세월과 18억이란 막대한 돈을 쏟아 붓고도 제품개발에 실패하는 바람에 자살을 결심한 채 청계산에 올랐다가 마음을 고쳐먹고 원래 목표보다 한 단계 낮은 제품개발에 성공, 대박을 터뜨린 정문술 전 미래산업 사장. 3전 4기의 불굴 정신으로 지역할거주의에 도전해 대통령에 당선되고 2004년 4·15 총선을 통해 의회권력의 교체와 전국정당의 꿈까지 이루어낸 노무현 대통령. 이혼한 후 4개월 된 딸아이를 키우며 정부 보조금에 의지해 살다가 세계적인 베스트셀러 작가로 발돋움한 조앤 롤링…. 한번 세운 목표에 집요하게 매달려 온갖 난관을 겪어낸 끝에 성공을 이룬 사람들의 일화는 언제 들어도 흥미진진하고 아름답다.

당신의 인내심은 어떠한가?

풍요롭고 찬란한 미래를 위해 '현재'가 주는 즐거움의 유혹을 단호하게 물리치고 있는가? 수많은 실패에도 불구하고 오뚝이처럼 다시 일어나 목표를 향해 한 발 한 발 전진하고 있는가? 목표에 도달했을 때의 기쁨을 항상 마음 속에 간직하며 하루하루를 즐겁게 살아가고 있는가?

　누구에게나 열정에 불타는 시절이 있게 마련이다. 어떤 사람은 30분 동안, 또 어떤 사람은 30일 동안 열정을 갖는다. 하지만 인생에서 성공하는 사람은 30년 동안 열정에 충만해 있다.

3

주변의 삶을 리모델링 하라

01

탄탄한 인간관계가 탄탄한 인생을 만든다

고난이 많을수록 나의 가슴은 뛴다.
– 프리드리히 니체

직장인들에게 물었다. "직장생활에서 어떤 것이 가장 힘든가?" 가장 많은 응답은 '인간관계' 였다. 인터넷 채용정보 사이트인 파워잡이 2002년 9월 직장인 624명을 대상으로 조사한 결과를 보면, 응답자의 절반에 가까운 44%가 '직장 내 인간관계' 를 최고의 스트레스 요인으로 꼽았다. '적은 보수와 불만족스런 보상제도(17%)', '회사생활의 불투명한 비전(16%)', '경영진의 자질 부족(8%)' 등이 그 뒤를 이었다.

회사 내의 힘든 '인간관계' 는 직장인들이 사표를 내고픈 가장 큰 이유로도 꼽혔다. 인터넷 채용정보 업체인 잡링크가 2002년 4월 직장인을 대상으로 조사한 결과에 따르면, "퇴사하고 싶은 가장 큰 이유는?"이라는 질문에 '직장 내 힘든 인간관계'라고 답한 직장인이 33.2%로 가장 많았고, '내 위치에 대한 회의(24.6%)', '너무 지쳐서 쉬고 싶다(20.4%)' 등이 그 뒤를 이었다.

이처럼 많은 직장인들이 효과적인 대인관계 정립에 힘겨워한다. 나아가 자기 사업을 운영하는 사람들도 종업원과의 관계, 고객과의 관계, 거래처와의 관계 등의 효과적인 개선을 위해 날마다 노심초사한다.

또 직장에 다니든 사업을 하든, 집에 돌아오면 부모·배우자·자녀 등과의 갈등 때문에 마음이 편치 않은 경우가 많다.

자신만의 인적 네크워크를 형성하라

〈사람이 꽃보다 아름다워〉라는 노래도 있거늘, 현실은 왜 이렇게 각박하기만 한 것일까? 이는 사람들이 인간관계를 통해 물질적·정신적 이익을 기대하기 때문이다. 그 이익이 별다른 갈등 없이 얻어질 수 있을 때에는 인간관계가 정녕 축복이 된다. 그러나 그런 경우는 많지 않다. 대부분 나누어야 할 이익 자체가 한정되어 있기 때문에 인간관계는 항상 갈등과 긴장의 요소를 갖게 마련이다. 때로는 자신의 이익을 위해 상대방을 배반하는 경우도 있고 역으로 상대방에게서 쓰라린 배반을 당하는 경우도 있다.

인간관계에서는 특히 관계를 맺는 주체들의 독특한 개성이 중시된다. 따라서 A라는 사람에게 적합한 인간관계의 해법이 B라는 사람에게는 잘 적용되지 않고, 동일한 사람의 경우에도 각각의 상황과 기분에 따라 대응양식이 달라지는 경우가 많다. 그러므로 보편적으로 적용될 수 있는 해답을 찾기가 어렵다는 특징을 갖고 있다. 이 때문에 세상살이 중 가장 어려운 것이 인간관계라고 말하는 사람들도 적지 않다.

어떤 사람들은 아예 이 복잡하기만 한 인간관계 자체를 애써 피하고자 한다. 살아가는 데 최소한의 인간관계만 맺어놓고 나머지는 자신만의 세계에 칩거하겠다는 것이다. 또 이런 정도까지는 아니라 하더라도 바람직한 인간관계의 구축에 필요한 관심과 투자를 불필요한 것으로 생각한 나머지 그저 마음과 감정이 내키는 대로 인간관계를 꾸려가는 사람들도 많다.

물론 이 또한 하나의 해법일 수늘 있다. 효과적인 인간관계를 위해 투자한 비용 대비 결과가 그리 신통치 않다면 애써 투자비용을 늘릴 필요가 없기 때문이다.

그러나 바야흐로 무한경쟁 시대에 돌입하면서 이처럼 축소 지향적 또는 주먹구구식 인간관계로는 생존조차 보증하기 어려운 상황으로 바뀌어가고 있다.

치열한 경쟁에서 살아남기 위한 '구조조정'이 일상화되고 있는 최근의 시대 상황으로 미루어볼 때, 원칙 면에서 살펴본다면 능력이나 생산성이 낮은 사람이 퇴출되어야 마땅할 것이다. 그러나 현실은 그렇지 않은 경우가 많다. 학연·혈연·지연에 바탕한 우리 사회는 물론 인사관리가 합리적으로 이루어지고 있다고 평가받는 미국에서조차 '해고'는 능력이나 생산성과는 다른 요인에 의해 결정되고 있는 추세다. 다음은 미국에서 대량해고가 나타났던 시절에 〈뉴욕 타임스(New York Times)〉에 실린 기사의 일부다.

스탠더드차터드 은행의 경영을 책임지고 있던 알렌씨는 토론토 지사에 근무하는 외환 딜러 세 사람 중 한 명을 감원해야만 했다. 사내 분위기에 따라 여성 인력이 감원 대상으로 선택되었다. 그녀는 탁월한 업무능력을 발휘하고 있었지만, 이른바 '연줄'이 가장 약했기 때문이다. "나도 그녀가 최고라는 사실은 알고 있소. 그러나 그녀는 네트워크가 없었어요. 해고당할 거라는 소식도 내가 직접 전달했죠. 그녀는 눈물을 글썽거리며 내게 이렇게 말하더군요. '하지만 찰리, 그래도 당신은 사리가 분명한 사람이잖아요.' 나를 쳐다보던 그녀의 눈빛이 아직도 잊혀지지가 않습니다."

《목마르기 전에 우물을 파라》의 저자 하비 맥케이는 이 기사를 인용하면서 다음과 같은 결론을 내리고 있다.

1. 오늘날의 경제상황에서 재능만으로는 살아남을 수 없다.

2. 훈련과 교육이라는 전통적인 자기계발 방법만으로는 생존에 도움이 되지 않는다.

3. 정부는 우리를 구해주지 않는다.

4. 살아남기 위해서는 자신감이나 헌신, 충성, 교육이나 훈련보다는 그 이상의 것이 필요하다.

5. 네트워크가 필요하다. 일상생활의 사소한 문제에서부터 삶의 전환점을 이루는 중요한 문제에 이르기까지 자신만의 네트워크가 필요하다. 네트워크는 역할 모델을 제시해 주고 충고와 위안, 금전적인 도움과 지적·사회적 자원과 기쁨을 주고, 아침에 일어나 출근할 일자리를 준다.

어떤 연구조사에 따르면, "당신이 사업에서 실패한 원인이 어디에 있는가?"라는 질문에 '전문적인 기술'이나 '지식'이 부족해서 실패했다고 대답한 사람은 15%에 불과했다. 응답자의 85%는 인간관계에 서툴렀기 때문에 실패했다고 밝혔다.

카네기재단의 인사기록부에 등재된 10만 명에 대한 분석결과에서도 성공요인의 15%는 '기술적 요인', 나머지 85%는 '성품'이 차지하는 것으로 나타났다.

생존을 위해서도, 성공을 위해서도 이처럼 중요한 역할을 하는 인간관계에 대해 우리는 얼마나 관심을 갖고 투자를 하고 있는가? 한번쯤 자문해 볼 일이다.

02

목마르기 전에 우물을 파라

내가 성공을 거둘 수 있었던 이유는 언제나
15분 정도 앞서 일을 처리해 왔기 때문이다.
– 호라티오 넬슨

살아가면서 남에게 아쉬운 부탁을 해야 할 때는 없었는가? 취직을 위해, 승진을 위해, 급한 돈을 빌리기 위해…. 꼭 아쉬운 부탁이 아니더라도 누군가 힘이 되어주면 일이 훨씬 더 잘 풀려갈 텐데 하는 생각이 든 직은 없었는가?

아마도 사람들은 대부분 평소에는 별 불편을 느끼지 않다가 아쉬운 상황을 맞이하고서야 자신에게 힘이 되어줄 수 있는 사람들이 의외로 많지 않다는 사실을 깨닫고 뒤늦은 후회를 하곤 한다.

나에게 힘이 되어줄 수 있는 사람이 이번 한번만 도와주면 언젠가 나 또한 반드시 보답하겠다고 다짐에 다짐을 해보지만, 정작 그 사람은 나의 이런 바람을 아는지 모르는지, 무심할 뿐이다. 심지어 만남조차 부담스러운 듯 피하려는 기색이 역력하다. 나아가 '억울하면 출세하라' 는 식의 차가운 시선을 내비치기도 한다. 이렇게 되면 '저 녀석이 그럴 줄 몰랐네. 어려울 때 서로 돕고 살아야지…. 어디 얼마나 잘 사나 보자' 며 앙심을 품는 사람도 생겨난다.

싫든 좋든, 이 같은 모습들이 인간관계의 엄혹한 현실이다. 투자가 없으면 수익도 없는 것이 시장경제의 일반원칙인 것처럼 인간관계에 있어서도 평소에 꼼꼼하게 쌓아나가지 않으면 정작 필요할 때 별로 도움이 되지 않는 모래성이 되고 만다. 따라서 인간관계에 있어 무엇보다 명심해야 할 사항은 '목마르기 전에 우물을 파라' 는 평범한 가르침이다.

그렇다면 우물은 어떻게 파면 좋은가?

삽이나 곡괭이로 그냥 땅을 판다고 해서 곧바로 샘물이 흘러나오는 것은 아니다. 적어도 10m 이상 깊이로 땅을 파고 들어가야만 원하는 물을 찾을 수 있다. 여기에는 끈질긴 노력과 함께 일정 수준의 굴착기술도 필요하다.

인간관계의 우물도 마찬가지다. 갈증을 씻어주는 시원한 물을 언제든 마실 수 있도록 하기 위해서는 좋은 우물을 만들겠다는 열정과 함께 세련된 굴착전략이 필요하다. 이를 좀더 깊이 살펴보면 다음과 같다.

첫째, 인간의 다양성을 염두에 둔 인간관계 구축전략이 필요하다. 세상에는 나와 같은 생각을 하는 사람이 거의 없다. 관심도 다르고, 사고방식도 다른 경우가 대부분이다. 부모와 자식, 남편과 아내처럼 언뜻 사고방식이 비슷한 것처럼 보이는 경우에도 실제로는 매우 큰 차이를 갖고 있다. 오죽하면 가정 컨설팅의 권위자인 존 그레이는 남편을 '화성에서 온 사람', 아내를 '금성에서 온 사람'으로 표현했을까? 이 세상이 서로 다른 혹성에서 온 다양한 사람들로 구성되어 있다는 사실을 항상 명심해야만, 사람에 대한 기대가 어긋났을 때의 실망과 분노에 적절하게 대처할 수 있고 현실에 뿌리박은 합리적인 인간관계를 구축할 수 있다.

둘째, 과학적인 이해에 바탕한 인간관계 구축전략이 필요하다. 인간관계에는 일반적인 법칙이 존재하지 않는다. 따라서 인간관계 구축이란 복잡하고 피곤한 일일 뿐이라고 생각하는 사람들이 많다. 하지만 사실 인간관계는 나와 상대방 사이에 밀고 당기면서 각자의 이익을 최대화하려는 전략 게임의 성격을 갖고 있다.

나와 상대를 잘 알고 게임법칙을 잘 이해하고 있는 사람은 그렇지 않은 사람에 비해 성공의 가능성이 훨씬 높아진다. 일상에서 흔히 이루어지는 협상의 경우를 생각해 보면 이해가 쉬울 것이다. 따라서 '따뜻한 마음을 가져라'라는 일반적이고 감성적인 접근방식보다는 '누구에게 어떤 방식으로 대하는 것이 좀더 효과적인가' 라는 차원에서 구체적이고 과학적으로 접근할 때 좀더 설득력을 가질 수 있다.

셋째, 인간관계의 우물을 파는 것은 일종의 투자행위다. 투자에는 시간과 금전적 비용이 따르기 때문에 무한정 투입할 수는 없다. 자신에게 주어진 한정된 시간적 · 금전적 자원 중 일부만을 인간관계에 투자할 수 있을 뿐이다. 이 투자가 수지맞는 장사가 될 수 있도록 하기 위해서는 투자의 효율성을 높이는 다양한 방법이 강구되어야 할 것이다.

03

눈에는 눈, 이에는 이로 대응하라

한 방 맞기 전에는 누구나 그럴 듯한 전략을 갖고 있다.
— 마이크 타이슨

많은 사람들이 인간관계 때문에 힘들어한다. 나름대로 호의를 베풀어도 상대는 이를 배신으로 되갚는 경우가 많다. 또한 내키지 않으면서도 어떤 힘에 밀려 상대의 뜻을 따를 수밖에 없는 경우도 종종 생긴다. 상대의 의도 자체를 잘 알 수 없어 곤혹스러울 때도 있고 상대가 내 뜻을 몰라주는 안타까운 상황도 나타난다.

이 복잡한 인간관계를 간단하게 처리할 수 있는 자연스러운 원칙은 없을까? 그것만 따르면 인간관계 때문에 골머리를 앓지 않고 마음 편하게 지낼 수 있을 듯한 법칙 말이다.

완전하다고는 할 수 없어도 한 가지 매력적인 원칙이 있다. 바로 'TIT FOR TAT'이라는 게임 규칙이다. 이는 '눈에는 눈, 이에는 이'라는 뜻으로 풀이되지만 엄밀하게 말하면 약간 의미가 다르다. '눈에는 눈, 이에는 이'는 상대가 협력하면 나도 협력하고 상대가 배반하면 나도 배반하는 게임 규칙을 의미하는 것이라면, TIT FOR TAT은 여기에 내가 먼저 상대에게 협력하는 것을 덧붙인 게임 규칙이라고 할 수 있다. 즉 내가 먼저 상대에게 협력하는 자세를 보이고 여기에 상대가 협력의 자세로 대응하면 나도 협력하고, 상대가 배반의 자세로 대응하면 나도 배반의 자세로 대응한다는 게임 규칙이다.

이는 곧 '가는 정이 고와야 오는 정이 곱다'에 가까울 것이고 이른바 '기브 & 테이크(give and take)' 전략과 비슷할 것이다.

이것이 얼마나 효과적인 게임 전략인지를 보여주는 흥미 있는 연구결과가 있다.

TIT FOR TAT 전략

미국의 정치학자이자 게임 이론가로 유명한 로버트 액설로드는 컴퓨터를 사용한 2인용 게임의 토너먼트를 개최, 세계적인 게임 전략가들에게 상대를 이길 수 있는 프로그램을 보내줄 것을 요청했다.

머리 좋은 게임 전략가들은 다양한 경우의 수를 고려하면서 상대를 반드시 이길 수 있다고 생각되는 전략들을 보내왔다. 액설로드는 이렇게 수집한 다양한 전략 프로그램 간의 게임을 150회 되풀이한 후 승패의 합계득점에 따라 각 게임 전략들의 순위를 결정했다.

어떤 전략이 우승의 영광을 차지했을까? 이 토너먼트에는 내로라하는 쟁쟁한 전문가들이 참가하고 있었다. 따라서 고도의 복잡한 전략들 중 하나가 우승할 것으로 예상되었다. 하지만 실제 결과는 놀랍게도 토론토 대학의 라포포트 교수가 보내온 'TIT FOR TAT' 이라는 단순하기 짝이 없은 전략이 챔피언 자리에 올랐다.

이 같은 결과에 대해 액설로드 교수도 처음에는 의문을 가졌던 듯하다. 그래서인지 그는 이 결과를 게임에 참가한 전략가들에 알리고 다시 새로운 게임 전략의 전송을 요청했다. 즉 TIT FOR TAT 을 누를 수 있는 새로운 전략을 짜서 보내달라는 주문이었다. 이로써 제2회 대회를 열었는데, 여기서도 역시 TIT FOR TAT 전략이 우승을 차지했다. '눈에는 눈, 이에는 이'의 전략이 우승한 데에는 단순히 우연이 작용한 것이 아니라 다른 전략들을 확실하게 제압할 수 있는 일정한 근거를 갖고 있음을 입증한 셈이다.

실제로 액설로드는 이론적으로도 이 전략이 최고의 경쟁력을 갖고 있음을 밝혀냄으로써 게임론이라고 불리는 학문분야에서 커다란 공헌을 하게 된다.

인간관계에도 이 전략을 적용할 수 있을까? 비즈니스에서의 인간관계, 직장에서의 인간관계, 친구관계, 애인관계, 심지어는 부부관계나 자녀와의 관계까지 일종의 게임이라는 사실을 받아들인다면, 이 전략은 유효적절하게 응용될 수 있다.

이 전략에는 여러 가지 좋은 점이 있다.

첫째, 매우 단순해서 누구나 이해하기 쉽고 곧바로 실천할 수 있다는 것이다. 인간관계라는 것이 너무 복잡해서 골치가 아프다고 생각하는 사람은 이 전략대로만 행동하면 절대 손해 보는 일은 없을 것이다. 먼저 상대에게 호의를 베풀되 상대가 자신의 호의에 상응한 보답을 하지 않으면 다음부터는 상대를 하지 않으면 되는 것이다. 물론 호의에 상응한 보답을 하면 서로 주거니 받거니 하면서 화기애애한 관계로 발전할 수 있다.

둘째, 도덕적으로도 괜찮은 전략이라는 점이다. '눈에는 눈, 이에는 이' 하면 뭔가 살벌한 느낌이 없지 않지만 TIT FOR TAT 전략에서 중요한 것은 적어도 이쪽에서 먼저 배반하는 일은 없다는 점이다. 먼저 선의를 갖고 협력의 태도를 보이지만 상대가 배반할 경우에는 이쪽도 배반으로 대응한다는 것이니, 동정을 받을지언정 비난을 받을 일은 없는 것이다.

셋째, 상대의 배신행위에 대해서는 이쪽도 배반으로 응징할 수 있기 때문에 혼자 속을 썩이며 끙끙 앓을 필요가 없다. 잘못된 행동에 대해서 즉각 제재가 가능하다는 것은 개인의 정신건강뿐 아니라 건강한 사회를 만들기 위해서도 반드시 필요한 요건이다.

넷째, 상대방이 한때 배반을 했다가도 만약 마음을 고쳐먹고 다시 협력의 태도로 나온다면, 이쪽도 언제든 협력의 태도로 복귀한다는 관용성을 갖고 있다는 점도 이 전략의 매력이다. 한때 상대가 섭섭하게 대했다고 해서 언제까지나 꽁한 태도를 갖고 있는 것은 결국 서로의 상처만 깊게 하고 아무에게도 득이 되지 않는 어리석은 행동이다. 사람의 마음은 언제든 바뀔 수 있다는 가변성을 염두에 두고, 좋은 방향으로 마음을 바꾼 사람에 대해서는 과거를 너무 탓하지 않고 너그럽게 받아들이는 것이 가장 인간적이면서도 실리적인 전략이다.

자, 이처럼 단순 명쾌하고 효과만점인 전략을 당신의 인간관계에 적용해 보면 어떨까?

 04

지금 당장 인간관계를 리모델링 하라

만일 당신이 지금 교통사고를 당했다면 달려와줄 사람이 몇이나 되는가? 보증을 잘못 선 바람에 엄청난 빚을 떠안고 신용불량의 위기에 처했을 때 당신을 재정적으로 도와줄 사람이 있는가? 회사 경영이 악화돼 직장에서 쫓겨날 위기에 처했을 때 이를 막아줄 사람이 있는가? 승진할 때 보탬이 되어줄 사람이 있는가? 서로 믿고 사업을 함께 할 사람이 있는가?

그냥 외롭고 쓸쓸해 술 한잔 나누고 싶을 때 자리를 함께 해줄 사람이 있는가? 당신을 믿고 따르는 후배가 있는가? 당신에게 쓴소리를 아끼지 않는 친구가 있는가?

이 같은 질문들을 자신에게 진지하게 던져본 적이 있는가? 당신의 곁을 물심양면으로 지켜줄 사람을 가꾸는 데에 깊은 관심을 쏟아본 적이 있는가? 어떤 사람을 머릿속에 그리고 만나기보다는 그저 자신이 속한 곳에서 만나지는 대로 인간관계가 이루어지고 있는 것은 아닐까?

사실 어떤 의도를 갖고 관계를 형성하는 것에 대해 거부감을 갖는 사람들도 많다. 자연스럽게 만나 서로 공감하고 신뢰하는 가운데서 인간관계의 싹이 트는 것이지, 이해타산에 바탕한 인간관계는 속물적인 생각에 불과하다고 비난하는 것이다. 그러나 현실을 냉철히 들여다보면 정말 순수하게 인간적 교감만으로 서로의 관계가 형성·유지되는 경우는 전체 인간관계의 10%도 채 되지 않을 것이다. 의식적으로든 무의식적으로든, 만나야 할 사람, 만나지 않아도 될 사람, 만나지 않아야 할 사람을 선별하고 있으며 대부분의 인간관계에는 많든 적든, 현실적인 이익을 매개로 정서적 교감과 신뢰를 일부 반영하고 있다고 보면 될 것이다.

소중한 사람들을 소중하게 여겨라

우리는 일생 동안 몇 사람과 관계를 맺고 있을까? 스쳐 지나가는 사람이야 무수히 많을 것이다. 하지만 미국의 한 연구조사에 따르면, 친한 관계라고 할 수 있는 사람의 수는 평균 250명 정도라고 한다. 이 250명의 목록은 어떤 사람들로 채워질까? 이들 중에서도 진정 자신에게 도움이 될 수 있는 사람은 인간사의 보편적 법칙이라고 일컬어지는 20 대 80 법칙을 적용하면 50명 안팎이 될 것이다. 결국 인생이란 평생에 걸쳐 만나는 50명가량의 친한 사람들에 의해 결정 나는 셈이다.

이처럼 소중한 50명에 대해 당신은 어떤 노력을 기울이고 있는가? 일이 바빠서, 멀리 떨어져 있어서, 당장의 이해와 관련이 없다는 이유로 관심의 저편에 두고 소홀히 하고 있지는 않은가? 그리고 별로 도움이 되지 않는 사람들과는 단지 가까이 있다는 이유만으로 시간과 정력을 쏟아 붓고 있지는 않은가?

활용할 수 있는 시간과 금전 등의 자원이 무한히 많다면 아무래도 좋다. 그러나 능력과 시간의 부족으로 대인관계에 사용할 수 있는 자원이 한정되어 있다면 분명 소중한 사람들을 중심으로 인간관계의 구조조정을 모색할 필요가 있다. 경영의 귀재로 불리는 잭 웰치가 주장했던 것처럼 정서적으로든 현실적으로든, 별로 도움이 안 되는 인간관계는 과감하게 폐기처분해야 할 것이다. 진정 자신을 즐겁고 풍요하게 만들어줄 수 있는 1등, 2등의 인간관계를 중심으로 새로운 인간관계 포트폴리오를 전략적으로 구성하는 노력이 필요하다.

　성공을 위해 자신의 주변에 어떤 사람들을 두면 좋은지, 그리고 그런 사람들이 내 곁에 항상 가까이 있도록 만들기 위해서는 어떤 투자와 노력이 필요한지를 모색해 보는 것도 무한경쟁 시대를 살아가는 한 가지 지혜가 될 수 있을 것이다.

05

마당발이 성공을 길어올린다

"이렇게 좋은 기회는 두 번 다시 오지 않을 것이다"라고 하면
듣지 말고 그냥 가라. 그러한 기회는 항상 생길 것이다.

– 토드 템플

각계각층에 모르는 사람이 없는 인물을 일컬어 '마당발'이라고 한
다. 전화 한 통으로 어려운 일을 해결하고 가만히 앉아 있어도 중
요한 정보를 미리 알고 있으며 어디를 가든 반갑게 맞이해 주는 사
람이 있는 마당발들은 도대체 어떻게 해서 그런 남다른 능력을 갖
게 되었는가? 한국의 3대 마당발이라고 불리는 이수성 전 총리, 김
상현 전 민주당 의원, 김재기 관광협회장 등의 진면목을 잠깐 살펴
보자.

이수성 전 총리는 직위와 상관없이 무조건 자신보다 나이가 많으면 형님, 적으면 아우님으로 호칭한다. 이 호칭 하나로 그는 처음 만난 사람의 마음을 5분 안에 사로잡는다. 이렇게 맺어진 사람이 전국적으로 5만 명에 이른다고 한다. 그는 대학교수 시절 주례를 섰거나 취업추천서를 써준 바 있는 수많은 제자들의 신상내력을 지금도 꿰고 있으며, 심지어 동네 이발소 전화번호까지 외우고 다닐 정도로 기억력이 비상하다.

인간관계와 관련해 무엇보다 강력한 그의 강점은 사심없이 남을 배려하는 마음에 있다. 그가 서울대 교수로 재직하던 당시, 다른 학과의 교수가 검찰관련 민원 때문에 법대 원로교수를 찾은 바 있었다. 그 때 원로교수가 그를 불러 도움을 청했다. 그러자 당시 이수성 교수는 그 자리에서 조교에게 자신의 오후 강의를 모두 휴강토록 지시한 다음 부탁한 교수와 함께 직접 검찰을 방문, 즉석에서 민원을 해결해 주었다. 그 날 이후 그 교수가 열렬한 '이수성 패'이 되었음은 물론이다.

이수성 전 총리가 명문가 출신과 명문대 교수의 유리한 위치를 활용할 수 있는 마당발이었다고 한다면, 김상현 전 의원은 가난한 시골 집안의 5대 독자로 태어나 일찍 부모를 여의고 고교중퇴가 학력의 전부라는 불우한 조건들 딛고 일어선 마당발이다. 불우한 환경에서 자란 김상현은 10대 시절에 이미 "나 혼자의 능력과 지혜로는 뚜렷한 한계에 처할 수밖에 없다. 이를 극복하려면 나보다 능력 있는 많은 사람들의 도움을 얻어야 한다. 그러므로 남을 소중히 여기고 진실하게 대해야 한다"는 인생관을 정립했다고 한다. 그 후 지금껏 그는 상대가 어린 초등학생일지라도 반드시 먼저 인사를 건네는 원칙을 지킨다고 한다. 그는 이른 새벽미사를 마친 후 신자들과 따뜻한 차 한잔을 나누는 것으로 사람들과의 만남을 시작한다. 식사 약속 외에는 사람들과 만날 때 10분을 넘기지 않는다는 것이 그의 원칙이다. 한 명이라도 더 만나야 하기 때문인데 한 장소에서 두 가지 이상의 약속을 하는 일도 많다. 이로써 컴퓨터에 입력된 사람이 몇만 명에 이르는데, 이름과 얼굴을 기억하는 사람만도 전국적으로 1만 명쯤 된다고 한다.

김재기 서울시 관광협회 회장은 날마다 조찬모임만 2~3회, 점심은 그 이상으로 많다. 어떤 때는 4~5차례나 먹는 시늉을 해야 할 정도로 약속이 많은 마당발이다. 주택은행원으로 사회에 첫발을 내딛었던 시절에는 예금 한 계좌를 권유하기 위해 온갖 잔심부름을 마다하지 않았다. 이런 부지런한 습관이 수많은 직함을 갖고 활동을 하는 현재까지도 그대로 이어지고 있다. 그는 아주 사소한 인연도 소중히 여기면서 항상 봉사하는 마음으로 남을 대하고, 한번 사람을 사귀면 언제까지나 진실하게 대한다는 철학을 갖고 있다. 다른 사람들 얘기를 들어주느라 새벽잠을 설칠 때도 많지만 어려울 때 서로 돕는 의리가 가장 중요하다는 가치관을 갖고 있다.

이들의 모습에서 이른바 '마당발'의 장점과 단점을 남김없이 살펴볼 수 있다. 마당발의 장점을 세 가지로 요약하면 사람을 좋아해서 만남 그 자체를 즐긴다는 점, 남에게 먼저 아낌없이 베푼다는 점, 베풀면서 이익을 바라지 않기 때문에 상대방에게 부담을 주지 않는다는 점을 들 수 있다.

반면 단점으로 지적되는 부분을 살펴보자. 이수성 전 총리가 상대의 부탁을 들어주기 위해 강의를 휴강한 것에서 알 수 있는 것처럼 당연히 해야 할 자신의 일보다 인간관계를 더 중시해 원칙이 제대로 지켜지지 않을 수도 있다는 점, 수많은 사람을 만나야 하기 때문에 부지런하지 않으면 실천에 옮기기 어렵다는 점, 또한 만나는 사람이 너무 많다 보니 깊이 있는 만남이 이루어지기 힘들고 인간관계가 표면적으로 국한될 수 있다는 점 등을 꼽을 수 있다.

따뜻한 1분을 배려하라

마당발의 장점을 살리고 단점을 최소화할 수 있는 방법은 없을까?

마당발의 발 대신 손의 비중을 좀더 늘려보면 어떨까? 마당발 대신 마당손이 되어보는 것이다. 직접 뛰어다니며 발로 만나는 대신 인터넷이나 편지 등 손을 사용하는 매체를 통해 자신의 따뜻한 감정이나 관심을 상대에게 보내는 것이다.

삼성증권에서 투자상담을 담당하는 심상운 대리는 보름에 한 번 꼴로 원고지 7~20매 분량의 글을 가까운 직장동료들에게 e-메일을 통해 전달한다. '심 대리 통신'이라는 이름이 붙은 메일 내용의 주요 소재는 자신의 주변에서 일어난 일들이나 여행담이다. 즐거운 유머와 기발한 표현이 듬뿍 담겨 있어 받는 이들을 즐겁게 한다.

3년 동안 꾸준히 보낸 메일은 이제 100여 건을 넘어 책 한 권을 낼 수 있을 정도의 분량이 되었고 그의 메일을 받는 사람도 200여 명에 이른다고 한다. 직장을 옮겨도 옛 동료들과 끈끈한 인간관계를 유지할 수 있는 연결고리가 되고 있는 것이다. 진정 재미있는 글을 쓰기 위해서는 자신의 생활이 실제로 재미있어야 한다. 이 때문에 그의 생활이 자연스럽게 흥미로워졌다는 것이 뜻밖의 큰 수확이라고 심 대리는 말한다.

삼성경제연구소(SERI)의 경영정보 사이트인 '세리CEO(sericeo.org)'를 총괄하고 있는 강신장 상무도 10명 안팎으로 구성된 10여 개의 각종 오프라인 모임을 주도하며 인터넷을 통한 정보 발신에 많은 관심을 기울이고 있다. "정보를 주면 마음이 온다"는 인맥관리 철학을 갖고 있는 강 상무는 '과학동아', 'TV 동화', '그리스 신화’, ‘유머타운’ 등의 인터넷 사이트에서 얻은 유용한 정보를 틈나는 대로 e-메일을 통해 지인들에게 발송한다.

서로 바빠서 자주 만나기 어렵고, 그렇다고 불쑥 전화하기도 좀 어색하다고 생각하는 사람들은 지금 당장 삶에 유익한 칼럼이 모여 있는 인터넷 사이트를 방문해 보라. 거기에서 마음에 드는 글을 찾아 소중한 사람들에게 간단한 메시지와 함께 추천 메일을 보내보라. 당신의 따뜻한 1분의 관심이 당신에게 좀더 따뜻한 10년의 인생을 가져다 줄 수 있다.

카사노바를 벤치마킹하라

카사노바라는 이름을 모르는 사람은 없을 것이다.

'수많은 여성과 성관계를 가진 희대의 바람둥이.'

사람들은 대부분 카사노바를 섹스에만 탐닉하고 머리는 텅 빈 인물로 생각하고 있을 것이다. 그러나 사실 카사노바는 변화하는 유럽 사회에서 가장 먼저 눈을 뜬 당대 최고의 지성이었으며 법학박사, 철학자, 사제, 바이올리니스트, 연극배우, 도박꾼, 사업가, 외교관 등 수십 개에 이르는 직업을 가진 탁월한 능력의 소유자였다.

또 무작정 성적 욕구에만 집착하는 호색한이 아니라 "이성(異性)

을 위해 태어났다는 사명감을 느꼈으므로 늘 사랑을 했고, 사랑을 쟁취하기 위해서 모든 것을 걸었다"고 말할 정도로 분위기를 알고 진지하게 여성을 배려하는 멋쟁이었다고 한다. 그의 자서전 《내 인생 이야기》는 수많은 여인들과의 매혹적인 연애담과 18세기 유럽 문화에 대한 생생한 기록을 담고 있는 작품으로 평가받고 있다.

성공에는 왕도가 따로 없다

카사노바만큼 멋있고 지적인 인물은 못 되지만 그에 못잖게 수많은 여성과의 애정편력으로 인터넷과 언론매체를 뜨겁게 달군 인물이 있었다. 30대 초반의 '씨리'라는 아이디(ID)를 가진 남자의 고백에 따르면 "지난 10년 간 관계한 여성이 1,000명을 웃돌았다"고 한다. 10년 동안 사흘에 한 번 꼴로 새로운 여성과의 만남을 즐긴 셈이다. 그다지 눈에 띄지 않는 평범한 외모의 남자에게 어떻게 그런 일이 가능했을까? 그의 말을 그대로 옮겨보자.

"작업맨의 길에는 왕도가 없다. 우선 성실하게 작업하고 희망을 가져라."

"채팅은 무한한 보물창고다. 그 보물지도를 끈질기게 들여다보고, 접속하고, 인내심을 가지면 그대에게 행운이 찾아올 것이다."

"술이라도 먹여라. 그리고 기다림 뒤에 기회가 오면 상대가 자건

말건, 절대 놓치지 말라.”

그는 처음 만난 여성에게 매우 친절하고 적절한 타이밍에 달콤한 칭찬의 말을 던진다. 이 같은 달콤한 유혹의 말들은 타고난 순발력에서 비롯된다. 그는 원래 내성적인 성격이었지만 다년 간의 다양한 실전경험을 통해 뛰어난 화술을 체득하게 되었다고 한다.

그는 또 외모에도 상당한 관심을 기울인다. 그는 명품 구입에 투자를 아끼지 않는다. 여자들이 명품에 약하다는 점을 적극적으로 활용한다는 전략이다. “작업을 본격적으로 시작한 10년 전이나 지금이나 여자들은 돈 있어 보이고 매너 좋은 남자에게 쉽게 넘어온다”고 그는 털어놓는다.

그는 여자와 만나 돈을 쓰는 데 인색하지 않다. 프리랜서로 활동하면서 버는 1년 평균수입이 7,000만~8,000만 원 정도인데, 이 돈을 남김없이 작업에 할애한다. 마음에 드는 아가씨를 만나면 명품 핸드백을 사주는 것은 기본이고 잠자리도 고급 호텔을 애용한다.

몇 년 전에는 아파트로 거처를 옮겨 ‘작업’ 무대로서 사용하고 있다. 그는 거실에 할로겐 조명 30여 개를 달아 여자가 현관을 들어서는 순간 바로 마음이 흔들리게 하는 환상적인 분위기를 연출한다. 가끔씩 비슷한 생활을 하는 사람들끼리 모여 그간의 여성 탐험에 대한 이야기를 나누기도 한다. 경험담과 노하우를 나누며 서로 알찬 정보를 교환하는 것이다.

이처럼 철저한 자기관리와 투자가 성공적인 카사노바를 만들어 낸다. 상대의 환심을 사기 위해 자신을 포장하고, 멋진 칭찬 멘트를 개발하고, 거금을 투자하는 등의 노력을 기울이지 않는다면 어떤 성공도 이루어내지 못한다. 카사노바가 될 수 있는 조건이 무엇인 지도 모르고 '뭇 여성들과의 즐거운 연애' 를 꿈꾸고 있는 사람이라 면 지금 당장 꿈을 깨야만 할 것이다.

07

공감을 나타내고 진심으로 귀 기울여라

내 삶을 누구에게 쏟고 있는가?
매일 누군가를 격려하고 있는가?
— 존 맥스웰

상사와 언쟁을 벌인 친구가 찾아와 투덜거리며 담배나 한 대 피우자고 한다. 그러면서 상사 욕을 엄청나게 쏟아놓는다. 당신이라면 어떻게 대응하겠는가?

"그 새끼 정말 못된 놈이구먼. 사사건건 트집 잡고 지랄이야." 이렇게 맞장구를 쳐줄 것인가?

"그냥 그러려니 생각해. 그 양반도 위에서 닦달하니 어쩔 수 없었겠지. 너그럽게 생각해라." 이렇게 이성적으로 설득할 것인가?

"상사 욕하면 뭐하니? 언짢은 애기는 그만두고 뭐 신나는 일 좀

없니?" 하면서 문제를 회피할 것인가?

제3자의 입장에서라면 도덕형이나 회피형이 좋을지도 모르겠다. 그러나 당사자 입장에서는 자기 말에 적극 귀 기울이면서 함께 상사를 욕해 줄 수 있는 친구를 더 원하지 않을까? 그래서 직장인들의 술자리에는 안주가 따로 필요 없다고 한다. 사장, 상사, 때로는 마음에 안 드는 동료 등 잘근잘근 깨물 수 있고 감칠맛 나는 안주는 너무도 많으니까 말이다.

피곤한 몸으로 직장에서 돌아온 남편에게 아내가 힘없는 얼굴로 몸이 아프다고 말한다. 당신이라면 어떻게 반응하겠는가?

"또 아파? 병원에 가봐"라고 귀찮은 기색으로 짜증을 낼 것인가?

"약국에 가서 약 사먹지 그래. 좀 쉬면 낫겠지"라고 소 닭 보듯이 무뚝뚝하게 대답할 것인가?

아니면 손을 아내의 이마에 대고 "어디가 아파? 내가 약국에 가서 약 사올게. 증세를 차근차근 말해 봐"라고 따뜻한 관심을 보여 줄 것인기?

남편은 아내를, 아내는 남편을 자신과 비슷한 사고를 하는 사람으로 여긴다. 따라서 자신의 관점에서만 상대를 바라보기가 쉽다. 그러나 《화성에서 온 남자 금성에서 온 여자》의 저자 존 그레이는 남자와 여자는 각각 화성과 금성에서 온 사람처럼 근본적으로 사고

방식과 행동양식이 다르다고 주장한다.

예를 들면, 남자는 문제해결이라는 결과에 주로 관심을 갖는 반면 여자는 문제해결에 이르기까지의 과정에서 서로 대화하고 공감하는 것을 좀더 중시한다. 안 풀리는 문제가 있으면 남자는 자신만의 동굴 속에 문제를 갖고 들어가 혼자 끙끙대며 해결하려고 하지만, 여자는 대화를 통해 문제를 풀어가려고 한다. 당신은 남녀 간의 이 같은 차이를 충분히 이해하고 상대방 입장에서 공감하는 마음을 통해 대화를 하고자 한 적이 있는가?

공부는 하지 않고 밤늦게까지 게임만 하는 아이에게 당신은 어떻게 대응할 것인가?

"이 녀석! 게임 그만두지 못해? 공부는 죽어라고 안 하는 녀석이 게임에만 그저 미쳐서!"라고 막말을 할 것인가?

"게임 너무 하지 말아라. 게임에 중독되면 정상적인 생활 리듬이 엉망이 되고 만단다. 따라서 정상적인 생활을 되찾으려면 매우 힘이 들지"라고 조언하며 논리적으로 설득할 것인가?

아니면 아이와 함께 게임을 하면서 "우리 오늘 마음껏 게임 한번 해보자. 아빠가 이기나, 네가 이기나 결판 날 때까지…"라고 아이들 세계에 적극 동참해 문제를 풀어갈 것인가?

대체로 부모는 자녀를 자신의 뜻대로 키우고 싶어한다. 아직 분별력이 떨어지는 아이들은 지식과 경험이 풍부한 부모세대의 조언을 그대로 따라야 한다고 생각한다. 그러나 아이들은 부모의 말이라면 거의 예외 없이 지겨워한다. 오죽하면 《부모 없이 살아야 하는 101가지 이유》 같은 책이 출간되었겠는가!

이들 사례에서 강조하고 싶은 점은 '공감적 경청' 이야말로 대화에서 가장 중요한 전략이라는 것이다. 일방적으로 명령하거나 도덕적·논리적으로 설득하기에 앞서 상대의 말을 일단 있는 그대로 인정하고 들어주는 것이 가장 훌륭한 대화방식이라는 점을 명심할 필요가 있다.

숫자로 표현한다면 한 번 말하고, 두 번 듣고, 세 번 맞장구 칠 수 있다면 성공적인 인간관계에 한결 가까이 갈 수 있다. 그러나 현실에서는 한 번 듣고, 두 번 말하고, 세 번 손가락질하는 경우가 더 많다. 인생에서 성공하고 싶다면 당장 자신의 대화방식부터 점검해 보아야 할 것이다.

08

가는 말이 현명해야 오는 말이 부드럽다

예의범절이 인간을 만든다.

– 세계 속담

평소 말버릇이 험악한 K씨. 여행 중 날이 저물어 찾아든 여인숙에서 퉁명스레 물었다. "아줌마, 이 돼지우리 같은 데서 하룻밤 뒹구는 데 얼마요?" 여인숙 주인 왈, "한 마리에 만 원이고 두 마리면 만 오천 원이오."

돌쇠라는 이름을 가진 한 백정에게 두 양반이 고기를 사러 왔다. 먼저 온 양반이 기세 좋게 말했다. "야! 이놈 돌쇠야, 고기 한 근 쳐다오!" "예예, 그러시죠!"

돌쇠는 고기를 잘라 먼저 온 양반에게 주었다. 나중에 온 양반이 백정에게 부탁했다. "이보게나, 돌쇠네. 나도 고기 한 근만 주게."

돌쇠는 사람 좋은 얼굴로 고기를 잘라 주었다.

그런데 가만 보니 고기의 양이 크게 다른지라 먼저 온 양반이 버럭 화를 냈다.

"이놈 돌쇠야! 같은 한 근이 어찌 이리도 다르더냐?"

그러자 돌쇠는 빙그레 미소를 지었다.

"네, 그것은 다름 아니옵고, 손님 것은 돌쇠놈이 자른 것이구요, 이 어른 것은 돌쇠네가 자른 것이라 그런 것 같습니다요."

가는 말이 고와야 오는 말도 고운 법이다. 높은 자리에 있다고 해서, 나이가 많다고 해서, 힘이 세다고 해서 아무 생각없이 상대방을 비하하거나 모욕하는 말을 하고 있지는 않은지 반성해 볼 일이다. 가해자는 일상적인 말버릇이기 때문에 자신이 한 말을 제대로 기억하지 못할 수 있지만, 피해자는 한 마디 말로도 가슴에 큰 상처를 새긴 채 두고두고 마음 상하는 고통을 겪을 수 있다.

감정보다는 논리와 배려를 앞에 세운다

어느 회사의 경영자가 직원들이 일을 잘 하고 있나 둘러보기 위해 미리 알리지 않고 공장을 방문했다. 그런데 '금연'이라는 표지판 아래에서 직원들이 담배를 피우며 잡담을 나누고 있는 모습이 눈에 띄었다. 만일 당신이라면 어떻게 대응하겠는가?

미국 철강회사의 경영자 찰스 슈왑은 금연구역에서 담배를 피우는 직원을 보고 순간적으로 화가 치밀었다. 당장이라도 달려가 야단을 치고 싶었다. 그러나 그는 마음을 가라앉힌 뒤 천천히 그들 곁으로 다가갔다.

슈왑이 다가서자 담배를 피우고 있던 직원들이 잠시 몸을 움찔거리며 조심스럽게 눈치를 살폈다. 그 때 슈왑이 먼저 친근하게 말을 건넸다.

"오늘은 날씨가 참 좋군. 그래, 요즘 일은 할 만한가? 혹시 불편함은 없는가?"

슈왑은 직원들과 이런저런 이야기를 하면서도 금연 표지판 아래서 담배를 피운 일에 대해서는 한 마디도 언급하지 않았다. 한참 뒤 다정하게 이야기를 나누던 슈왑이 자리에서 일어나며 말했다.

"앞으로 어려움이나 고충사항이 있으면 언제든 기탄없이 내게 말해 주게나."

그리고 자신의 안주머니에서 담배를 꺼내더니 직원들에게 하나씩 나눠 주었다. 담배를 받아든 직원들이 어리둥절해 하자 그가 눈을 한번 찡긋하면서 덧붙였다.

"앞으로는 이 담배를 금연 표지판이 없는 곳에서 피워주면 고맙겠네."

빙긋 웃으며 자리를 뜨는 그의 뒷모습을 보면서 직원들은 부끄럽고 무안한 마음에 얼굴이 벌개졌다.

당신의 대화법은 어떠한가? 남을 충분히 설득시킬 수 있을 만한 논리와 감성을 함께 갖추고 있는가? 아니면 자신의 감정만을 앞세운 채 사사건건 충돌을 빚고 있는가? 성공을 꿈꾸고 있는 사람이라면 자신의 대화법에도 좀더 많은 관심을 기울여야 할 것이다.

09

성공을 위한 협상의 기술

유연성을 배워라.
그러기 싫다면 실패해 사는 것을 좋아하는 법을 터득하라
-존 맥스웰

케이크 한 조각을 놓고 형과 동생이 서로 많이 먹기 위해 티격태격
하고 있다. 힘이 센 형이 나이프를 들고 자기 몫을 크게 잘라내려고
한다. 물론 동생은 순순히 양보하지 않을 태세다. 이 때 당신은 부
모의 입장에서 어떻게 조치하겠는가?

"작은애야, 형에게 양보하렴."

"큰애야, 네가 너그러운 마음으로 아우에게 양보하렴."

"너희들, 형제지간에 그렇게 양보심이 없니? 아빠가 직접 공평
하게 잘라서 나눠주마."

대체로 이 세 가지 반응 중 하나이지 않을까?

그러나 어떤 경우든 아이들에게는 불만이 남을 것이다. 자신이 바라는 선택이 아니기 때문이다. 다음과 같은 해법을 제시해 보면 어떨까?

"너희들 중 한 사람에게는 케이크를 자를 권리를 주겠다. 대신 자르지 않은 사람에게는 잘라진 케이크 두 조각 중 자신이 원하는 것을 선택할 수 있는 권리를 주마."

결과는? 정확히 절반으로 잘려진 케이크 조각을 형제는 공평하게 하나씩 나눠 가졌다. 이는 유대인들의 지혜를 담고 있는 경전인 《탈무드》에 나오는 일화다. 우리가 일상적으로 겪는 일들이지만 협상에 관한 지식이 있느냐 없느냐에 따라 이처럼 결과가 크게 달라진다.

협상가의 권리장전

백화점에서도 물건 값을 깎을 수 있다고 생각하는가?

'백화점은 정찰제가 실시되는 곳 아닌가? 어떻게 깎어? 이상한 사람 취급만 당할 텐데….'

이렇게 생각하는 사람은 시험 삼아 백화점에 가서 물건 값을 한 번 깎아보기 바란다. 물론 쉬운 일이 아니다. 하지만 결코 불가능한 일만도 아니다. 성공을 위해서는 늘 자신만의 협상 노하우를 갖고 있어야 한다.

직장인들은 해마다 연봉협상 테이블에 앉게 된다. 일하는 대가로 받는 봉급이지만 돈 이야기 꺼내기란 정녕 쉽지 않다. 생각 같아서는 왕창 올려받고 싶지만 회사 눈치도 봐야 하고, 또 정작 자신의 몸값이 얼마인지조차 정확히 모르기 때문에 어떤 태도를 취해야 할지 매우 곤혹스럽다.

이런 때 명분도 잃지 않으면서 봉급도 많이 받을 수 있는 좋은 방법이 없을까? 이 또한 협상에 관한 지식과 경험을 충분히 갖고 있는 사람이라면 좋은 결과를 얻을 수 있다. 그러나 사람들은 대부분 많이 받고 싶다는 희망 말고는 협상 테이블에서 꺼내들 별다른 카드가 없어 결국 손해를 보는 장사를 한다.

다음과 같은 연봉협상에서 당신은 A와 B 중 어느 쪽인가?

(회사측) "올해는 연봉을 어느 정도의 수준으로 책정하면 좋겠습니까?"

(직원 A) "20%는 올려주셔야겠는데요."

(직원 B) "회사가 생각하는 합당한 연봉수준을 먼저 말씀해 주세요."

(회사측) "회사실적이 썩 좋지 않아서 많이 인상하기는 어려울 것 같네요."

(직원 A) "다른 회사에서 저와 비슷한 일을 하는 사람의 경우 저보다 훨

씬 많이 받고 있어요."

(직원 B) "회사가 잘 돼야 저도 잘 되죠. 올해 안에 이 정도의 목표를 반
드시 달성할 테니, 연말에 목표 달성도에 따라 일정 비율을 성
과급으로 지급하는 방식으로 하면 어떻겠습니까?"

물론 정답은 없다. 상황에 따라 직원 A처럼 행동하는 것이 바람
직할 때도 있고 직원 B처럼 행동하는 것이 효과적인 경우도 있다.
중요한 것은 상황에 따라 적절한 협상전략을 구사해야 한다는 점
이다.

그러나 대체로 치밀한 전략없이 관행이나 감정에 따라 협상에
임하는 경우가 많다. 이 때문에 얻을 수 있는 이익을 얻지 못하고
치르지 않아도 될 비용을 치르면서 손해를 보는 게임을 벌인다. 자
신의 이익을 지키기 위해서는 협상에 대한 좀더 깊은 지식과 훈련
을 쌓을 필요가 있다.

4

'성공형' 인간의 지식경영 노트

01

아는 만큼 느끼고 느낀 만큼 보인다

사람들은 대부분 어느 날 잠에서 깨면
자신이 갑자기 부자가 되어 있을 거라고 생각한다.
실제로 절반은 맞춘 셈이다. 결국 잠에서 깨어나기는 하니까.
-토머스 에디슨

인간은 아는 만큼 느끼며, 느낀 만큼 볼 수 있다. 《나의 문화유산답
사기》로 유명한 유홍준 교수의 견해다. 그의 표현을 빌리자면, 우
리나라는 전 국토가 박물관이라고 할 수 있다. 좁은 땅덩어리에 오
천 년 이상 선조들의 삶이 이어져왔으니, 전국 어디를 가도 유형·
무형의 문화유산과 만나게 된다는 것이다.

그러나 이 국토박물관의 유산이 말해 주는 진실과 아름다움을
제대로 이해하고 있는 사람은 얼마나 될까? 대부분 힘든 세파를 잠
시나마 잊고자 주말에 가족과 함께 놀러갔다가 "경치 정말 좋군!"

하며 감탄하다가 추억 삼아 사진 몇 장 찍어 돌아오는 정도로 전통과의 만남을 끝내버리는 경우가 많다.

문화유산의 참된 아름다움과 깊이를 감상할 수 있는 방법은 없을까? 이 물음에 유홍준 교수는 조선시대 한 문인의 글을 인용한다.

"사랑하면 알게 되고 알면 보이나니, 그 때 보이는 것은 전과 같지 않으리라."

그렇다. 이는 우리의 일상적인 삶에도 똑같이 적용할 수 있다. 우리는 바쁜 일상에 쫓겨 자신이 어떤 배에 타고 있는지, 어느 바다를 향해 가고 있는지, 어떤 항로를 거치고 있는지 깜빡 잊고 지낼 때가 많다. 그러다가 어느 순간 폭풍우가 몰아치는 망망대해 한가운데 놓여 있는 자신을 문득 발견하게 된다.

매일처럼 신문이나 TV, 인터넷을 통해 수많은 정보를 접하면서도 우리가 현실에 대해 알고 있는 것은 과연 무엇인가? 아침마다 습관적으로 집어드는 신문의 경제면을 통해 우리 경제의 현실을 올바로 읽어낼 수 있는가? TV 드라마를 통해 가정과 사회와 문화의 변화를 감지할 수 있는가? 인터넷을 뒤지면서 디지털 세계의 무한한 가능성을 포착할 수 있는가?

현실은 우리에게 많은 것을 보여주고 있다. 하지만 우리는 정작 그 중 10분의 1도 제대로 보지 못하고 있는 것이다. 2차원 세계에서 살고 있는 사람이 3차원의 세계를 보지 못하고, 3차원 세계에서 살고 있는 사람이 4차원의 세계를 보지 못하는 것처럼….

어떻게 하면 볼 수 있는가? 답은 단 하나, 지식을 쌓으라는 것이다. 아는 만큼 보이니, 앎을 축적하는 것 이외에 뾰족한 방법이 없다. 그러나 여기서 주의할 필요가 있다. 앎이란 결코 책을 통한 지식만을 가리키는 것은 아니라는 점이다. 독서를 통해 쌓을 수 있는 지식도 중요하지만 경험을 통해 얻을 수 있는 감각이나 직관 형태의 지식도 중요하다.

학술용어로는 보통 전자를 형식지(形式知), 후자를 암묵지(暗默知)라고 부른다. 제대로 된 지식은 이론과 경험이 잘 조화된, 즉 형식지와 암묵지가 적절하게 결합된 지식이다. 이론적 지식은 사물이나 현상을 뼈대로서 이해하는 지식이다. 그리고 경험적 지식은 그 뼈대에 붙은 살과 같은 지식이다. 뼈대만 있는 지식은 전체 모습을 파악하는 데는 도움이 되지만 살을 통해 느끼는 생생한 오감정보가 결여되어 있어 현실을 자칫 간과할 수 있다는 단점을 갖는다.

반면 뼈대 없이 살만으로 이루어진 지식은 수많은 단편적 정보를 포함하고 있지만, 그러한 정보들이 체계화될 수 있는 뼈대가 없기 때문에 전체 모습을 파악하기가 어려워 늘 허약할 수밖에 없다. 현실을 제대로 파악하기 위해서는 역시 뼈대와 살이 함께 잘 조화된 지식이 요청된다.

당신의 지식은 어떠한가? 이론에만 파묻혀 경험을 통해 얻을 수 있는 생생한 정보를 무시하고 있지는 않은가? 경험만을 강조해 이론 따위는 아무짝에도 쓸모없다고 강변하고 있지는 않은가? 머리를 통해 얻는 지식과 발로 뛰어 얻는 지식이 내 안에서 만나 한 몸으로 되지 않으면 눈으로 보는 것 이상의 것을 보기란 요원할 것이다.

02

학력은 파괴돼도 실력은 파괴될 수 없다

우리는 자신이 사랑하는 것에 의해 형성되고 인도된다.

— 볼프강 괴테

외국에서 박사학위를 취득해도 교수가 되기 힘든 것이 우리 대학사회의 현실이다. 그러나 초등학교 졸업 학력의 금세공 전문가 변태형씨는 인사위원회의 만장일치 결정을 통해 홍익대 산업미술대학원의 겸임교수로 전격 발탁됐다.

가정형편이 어려워 초등학교만 겨우 마친 채 형을 따라 명동에 있는 귀금속 세공공장에서 독한 화학약품 냄새를 맡으며 익힌 기술과 경험을 박사학위 못잖은 실력으로 인정받은 것이다.

1978년 전국 기능경기대회에서 금메달을 목에 걸면서 귀금속 공예가로 첫발을 내디딘 그는 1989년 정부가 공인하는 귀금속공예 명장에 등극했다. 그 후 한국장신구디자인협회와 한국귀금속보석 디자인협회 등에서 귀금속 공예가로 활발하게 일하며 귀금속 세공 분야의 1인자로 자리를 굳혔다.

대우중공업에서 일하는 김규환씨는 초등학교조차 마치지 못했다. 그는 열다섯 살에 소년가장이 되어 힘겨운 가계를 책임져야 했다. 그러나 그는 이 같은 난관들을 모두 극복, 현재는 5개 국어에 능통하고 1급 국가기술자격증을 최다 보유한, 초정밀 가공분야에서 명장으로 추대된 인물로 발돋움했다.

학력이 모자라 사환으로 입사한 그는 매일 새벽 5시에 출근, 선배들의 갖은 호통과 질책을 받으면서도 일을 배우겠다는 열정 하나로 삶의 마디마디에서 최선의 노력을 경주했다. 개선해야 할 일을 발견하면 하루 종일 생각에 생각을 거듭하면서 결국 해답을 찾아냈다. 그렇게 해서 이루어진 제안이 2만 건이 넘고 국제발명특허만도 60여 개에 이른다.

중학교도 졸업하지 못한 운전기사 윤월로씨는 외국 손님들과 능숙하게 대화를 나눈다. 비단 영어뿐만 아니다. 스페인어, 프랑스어, 러시아어, 중국어, 일본어까지 무려 6개 언어를 구사할 수 있다.

어릴 때 외교관이나 상사 주재원인 부모를 따라 외국을 두루 돌아다녀서? 천만의 말씀이다 그가 처음 외국어 공부를 시작한 시기는 40대 중반. 그것도 영어를 거의 모르는 상태에서 가족의 생계를 책임져야 한다는 책임감과 운전기사라는 직업에 충실하게 임하며 얻은 결과다. 별다른 어려움 없이 공부해 일류 대학을 졸업하고도 영어 한 마디 구사하지 못하는 젊은이가 대부분인 우리의 현실에서 어떻게 이런 일이 가능할까?

윤씨는 틈나는 대로 집중해서 공부하고 말을 많이 해보는 노력을 했을 뿐 특별한 비법은 없다고 말한다. 굳이 비결을 꼽으라면 '못 배운 한'을 풀겠다는 배움에 대한 강력한 열망이 남달랐다는 정도다.

가난한 농촌에서 태어난 그는 먹고살기 위해 열아홉 살 되던 해 무작정 상경했다. 하루 두 시간 남짓 새우잠을 자며 이것저것 안 해본 일이 없는 고달픈 생활이었다. 하지만 정작 그가 가장 견디기 어려웠던 것은 주변 사람들이 자신을 향해 '못 배운 촌놈'이라고 무시하며 자존심에 상처를 입히는 일이었다. '언젠가는 못 배운 한을 반드시 풀리라' 굳은 다짐을 했지만, 생활에 쫓기다 보니 좀처럼 배움의 기회는 찾아오지 않았다. 그러던 그에게 공부의 기회가 온 것은 마흔의 나이를 훌쩍 넘겼을 무렵, 어깨를 심하게 다쳐 몇 달간 일을 쉬어야 하는 상황을 맞이했을 무렵이다. 그는 이를 하늘이 주신 기회라 생각하고는 곧바로 영어학원에 등록을 했다.

그러나 영어에 대한 기초가 없는 윤씨가 수업을 따라가기란 쉽지 않았다. 남들과 똑같은 노력을 기울여서는 성취할 수 없다고 판단한 그는 만사를 제쳐놓고 하루 종일 영어에만 몰두했다. 그렇게 공부한 지 3개월 만에 놀라운 일이 생겼다. 윤씨가 다른 사람들을 서서히 앞서가기 시작한 것이다. 학교에서 배운 문법에 익숙한 다른 사람들은 정작 회화에서는 발전을 이루기 힘들었던 반면, 윤씨의 경우 아예 기초가 없었기 때문에 오히려 말을 빨리 배울 수 있었다.

윤씨는 택시 안에서 라디오 방송 대신 테이프를 청취하고, 손에서 가까운 곳에 항상 단어장을 준비해 틈날 때마다 단어와 문장을 보며 읽고 말하기를 연습한다. 외국인이 택시에 타면 무조건 말을 걸어 대화를 시작한다. 그의 발음과 문법은 완전치 않았지만, 당연히 한국 사람이 외국인보다 영어에 서툴 것이라는 생각을 갖고 적극적인 자세로 대화를 나눈다. 그는 이런 노력과 경험을 바탕으로 《운전자를 위한 영어회화》라는 책을 출판했다. 중학교 중퇴의 운전기사가 영어의 달인으로 거듭난 것이다.

오마에 겐이치의 지식경영 노트

한국 기업이나 정부에 대한 쓴소리로 자주 화제에 오르는 일본의 세계적 경영 컨설턴트 오마에 겐이치. 그는 원자력공학을 전공해 미국 MIT에서 박사학위까지 받았지만 그 분야가 자신의 중장기적 목표와 조화될 수 없다고 판단한 순간, 과감히 사표를 내고 전문지식과 경험이 전혀 없는 경영 컨설팅 세계에 입문했다. 일본에 갓 진출한 맥킨지사에 입사했을 때 그는 경영학의 기초용어인 손익분기점이라는 용어조차도 모르는 상태였다. 이에 화가 난 직속상사로부터 '숫소에 붙은 젖통 같은 녀석' 이라는, 아무짝에도 쓸모없는 놈이라는 모욕까지 들어야 할 정도였다.

더군다나 경영이나 일상생활의 모든 용어조차도 원자력공학의 용어로 치환해야만 제대로 이해할 수 있는 심각한 상황이었다. 예를 들면, 돈을 번다는 말은 중성자가 임계치 이상으로 되어 핵분열이 지속된다는 식으로 바꾸어야 비로소 이해할 수 있었다.

따라서 그는 모든 것을 원점에서 다시 시작해야만 했다. 그는 경영 컨설팅에 필요한 지식을 축적하기 위해 매일 밤늦게까지 맥킨지의 방대한 경험이 축적된 마이크로필름을 연구했다. 또 매일 아침 출근 지하철 안에서 짧은 시간 내에 문제를 분석해 해결책을 제시하는 연습을 했다. 이 같은 훈련을 1년가량 꾸준히 하다 보니 경영 컨설팅에 점점 자신감이 생겼다.

그는 이 과정에서 나타난 고민들을 모두 노트에 적어두었다. 이 노트가 우연히 잡지 편집장의 눈에 띄어 《기업참모》라는 책으로 출간되었다. 아무것도 모르는 상태에서 입사 1년밖에 되지 않은 풋내기가 쓴 이 책은 곧 베스트셀러로 떠올랐다. 그 후 그에게 강연 요청이 쇄도하기 시작했다. 새로운 분야에 열정을 갖고 도전해 1년 만에 최고 수준의 경영 컨설턴트로 자리를 잡은 것이다.

디지털 시대의 전문가

흔히 전문가라고 하면 석·박사학위를 갖고 있는 고학력자를 떠올리게 마련이다. 하지만 디지털 시대에 접어들면서 전문가의 의미도 커다란 전환점을 맞이하고 있다. 디지털 시대 이전에는 지식의 생산속도가 그다지 빠르지 않았다. 따라서 일단 지식을 획득하면 상당 기간 유효성을 가질 수 있었다. 또 이 시기에는 교육기관에서 교사나 강사로부터 직접 지식을 전수받는 방법 외에는 별다른 선택지가 없었기 때문에 전문지식의 척도로서 학력이 매우 중요한 역할을 담당했다. 따라서 학교를 오래 다녔음을 증명하는 석·박사가 전문가로서 최고의 대접을 받았다.

하지만 디지털 시대는 이러한 전문가상을 크게 바꾸고 있다. 지식의 생산속도가 엄청나게 빨라지면서 기존에 축적한 지식의 유효기간이 매우 짧아졌다. 이제는 전문가라 할지라도 조금만 지식의 업데이트 노력을 소홀히 하면 자신의 전문분야에서조차 뒤질 수밖에 없다. 그뿐 아니라 인터넷의 발달로 누구나 지식에 접근할 수 있게 되면서 지식습득 경로로서 학교의 중요성도 크게 약화되었다.

투철한 문제의식과 열정을 갖고 지식의 바다에서 올바른 지식을 선별, 현실에 적용함으로써 문제를 해결해 가는 사람이 디지털 시대의 진정한 전문가로 각광받게 된 것이다.

03

전문가를 뛰어넘어 달인이 돼라

세상 만물이 자유로운데 왜 나는 자유롭지 못한가?
갈들여졌기 때문이다.
— 설봉

21세기는 지식의 시대라고 한다. 또 전문가의 시대라고도 한다. 경쟁이 격화되면서 자본과 값싼 노동은 비교적 쉽게 조달할 수 있는데 반해 그것들을 결합시켜 돈이나 부가가치로 만들 수 있는 아이디어나 지식은 흔치 않다. 따라서 남다른 아이디어나 지식을 갖춘 전문가들이 21세기의 주역이 될 것임은 분명하다.

그러나 전문가라는 표현처럼 의미가 불명확하고 사람마다 자의적으로 사용되고 있는 개념도 없다. 우리는 흔히 전문가라고 하면 매우 높은 수준의 정규교육을 받고 두툼한 보고서를 쓰는 사람을 연상하기 쉽다. 교수·박사·경영 컨설턴트와 같은 사람을 대표적인 예로 꼽을 수 있다. 이들은 전문가인가? 물론 전문지식을 갖고 있다는 의미에서는 전문가다. 그러나 전문가의 의미를 어떤 분야에서 그 사람이 아니면 다른 누구도 그 일을 해낼 수 없는 사람이라고 정의한다면 이야기는 사뭇 달라진다.

A라는 사람이 전문지식을 갖고 있지만 비슷한 지식을 가진 사람이 외부에 얼마든지 있어 언제든 대체 가능하거나, A라는 사람이 빠져도 조직의 성과에 별다른 영향을 주지 않는다고 하면, 과연 그 사람을 전문가라고 할 수 있을까?

전문가인가, 아닌가의 여부는 고용 가능성과 대체 가능성이라는 두 가지 관점에서 살펴보아야 한다. 고용 가능성이란 지금 다니고 있는 회사를 그만두더라도 언제든 다른 회사로 갈 수 있는지를 가늠해 보는 것으로서 고용되어 있는 사람의 관점에서 살펴본 전문성이다. 만일 다른 회사에서 필요로 하는 전문지식을 갖추고 있다면 어렵지 않게 이동할 수 있을 것이다. 즉 그런 사람은 고용 가능성이 높다고 말할 수 있다.

반면 대체 가능성이란 현재 고용되어 있는 사람이 빠질 경우 조직의 성과에 얼마만큼 영향이 있을지를 살펴보는 것으로서 고용한 사람의 입장에서 본 전문성이다. 만일 어떤 사람이 없어도 조직의 성과에 별다른 영향이 없다면 그 사람의 필요도는 그리 높지 않고 대체 가능성이 크다고 말할 수 있다. 가장 바람직한 전문성은 고용 가능성은 높고 대체 가능성은 낮은 경우일 것이다. 즉 언제든 다른 곳으로 갈 수 있지만 현재 있는 곳에서 꼭 필요로 하는 사람이 진정한 전문가인 것이다. 이러한 의미의 전문성을 갖춘 사람을 기존의 전문가와 구별해 '달인'이라고 해두자.

무한경쟁 시대를 이끄는 달인의 위상

달인은 다음과 같은 점에서 전문가와 다르다.

첫째, 달인은 기술적 능력만이 아니라 인간관계적 능력과 개념적 능력도 갖고 있다. 기술적 능력(technical skill)이란 전문분야에 관한 지식과 경험, 인간관계적 능력(human skill)은 전문분야를 수행해가는 데 필요한 협력과 조정의 능력, 개념적 능력(conceptual skill)은 주어진 일만을 하는 것이 아니라 스스로 문제를 발견하고 기획해 방향을 제시하는 능력이다.

전문성이라고 하면 보통 기술적 능력만을 지칭하는 것으로 생각하기 쉽지만 진정한 의미의 전문성은 이 세 가지 능력이 겸비되어 있을 때 비로소 생겨난다고 할 수 있다.

둘째, 이 세 가지 능력을 갖춘 사람은 고객만족 능력, 또는 마케팅 능력도 갖추고 있다고 할 수 있다. 회사가 아무리 뛰어난 기술을 갖고 있어도 마케팅을 잘못하면 실패하는 것처럼 개인 또한 아무리 뛰어난 전문성을 갖고 있어도 고객만족 또는 마케팅에서 실패하면 아무 성과를 내지 못한 채 높은 평가를 받을 수 없다. 이제는 전문성만이 아니라 전문성을 적극 활용해 고객만족까지 이끌어낼 수 있는 인재가 진정한 전문가로 인정받을 수 있다. 이 같은 사람들은 이른바 '프로페셔널' 이라고 불린다. 달인은 곧 프로페셔널과 동의어인 셈이다.

셋째, 전문가는 흔히 I자형, T자형, π자형으로 나뉜다. I자형은 한 분야에 깊은 지식을 가진 사람, T자형은 한 분야에 깊은 지식을 갖추고 있으면서 다른 분야에 대해서도 두루두루 아는 사람, π자형은 두 개 이상의 분야에 깊은 지식을 가진 사람을 가리킨다. 지식이 폭증하고 변화가 격심한 디지털 시대에는 T자형과 π자형 전문가의 역할이 매우 중요하다.

그러나 여기서 약간 주의할 필요가 있다. T자형이나 π자형이라고 이야기할 때 잡학박사와 같이 다방면에 걸쳐 지식이 많은 것은 그다지 도움이 되지 않는다는 사실이다. 폭넓은 지식이 도움이 되는 경우는 어느 특정 분야에서 전문성을 발휘할 때, 그 전문성이 구체적인 성과를 낼 수 있도록 보완적 지식을 제공해 주는 경우다.

예를 들면, 병원운영을 제대로 하기 위해 의학지식뿐 아니라 병원경영이나 인간이해에 관한 지식도 필요로 하는 것과 같은 경우다. 탁월한 기술을 갖고도 마케팅을 몰라 실패를 하는 것은 I자형 전문가에 머무르는 데 그쳐 T자형이나 π자형의 경지에까지 이르지 못했기 때문에 생기는 현상이다.

경쟁이 치열해지면서 분야를 막론하고 성공하는 10%와 그렇지 못한 90%로 양극화되는 경향이 점점 심화되고 있다. 10%의 성공자는 전문가가 아니라 달인으로 채워지고 있다. 전문가를 넘어선 달인이 되어야만 바늘구멍 같은 성공자 대열의 문에 들어설 수 있는 것이다.

당신은 전문가인가, 아니면 달인인가?

시장을 읽을 줄 알아야
시장에서 살아남는다

나는 결코 걸음을 멈추는 일 따위는 하지 않습니다.
계속 승리해 나갈 것입니다.
– 다나카 다카아키

1997년 IMF 외환위기가 닥쳤을 때 달러를 사둔 적이 있는가?

외환위기 직후 주가지수가 300선 이하로 곤두박질쳤을 때 주식을 사둔 적이 있는가? 국민의 정부가 재벌체제를 대신하는 새로운 성장원천으로서 벤처기업을 육성하겠다고 발표했을 때 코스닥 시장에 투자한 적이 있는가?

치밀한 분석을 통해 이 같은 행동을 취한 사람은 시장을 잘 읽음으로써 시장이 주는 기회를 예리하게 포착하고 있다고 하겠다.

우리가 살고 있는 사회의 경제 시스템은 자본주의, 다른 말로 하면 시장경제에 바탕하고 있다.

시장이란 돈 · 상품 · 직장 등 누구나 갖고 싶어하지만 그 '양'이 한정되어 있어 결국 치열한 경쟁을 통해 이긴 자가 자신의 몫을 더 가져가는 살벌한 전쟁터와 같은 곳이다.

전쟁에서 승리하려면 어떻게 해야 하는가? 전쟁이 벌어지는 곳의 지형지물을 완전히 숙지하고, 적의 전략을 파악하고, 자신의 강점이 어디에 있는지를 파악해 올바른 전략을 세워야 한다.

시장경제도 마찬가지다. 시장 돌아가는 법칙을 충분히 이해하고, 시장에서 맞닥뜨리는 상대의 전략을 알고, 자신의 강점을 잘 살린다면 시장에서 성공의 결실을 거둘 수 있다.

주식시장을 생각해 보라. 주식에 관련된 고도의 지식과 기법 등 최첨단 무기로 무장한 투자고수들이 즐비한 전쟁터에 아무런 방어 기제도 없이 죽창만 하나 달랑 들고 나서는 개미를 연상해 보라. 용기는 가상하지만 이내 빗발치는 총탄 속에서 무참히 쓰러지고 만다.

미래가치의 흐름을 읽어라

비즈니스 분야에 종사하는 사람들은 시장이 어떻게 돌아가는지 꼼꼼히 분석해야 한다. IMF 외환위기가 닥쳐왔을 때 5년 후의 직장 모습을 제대로 그린 사람이 몇 명이나 있었겠는가? 또 지금으로부터 5년 후의 직장 모습을 제대로 그릴 수 있는 사람은 얼마나 될까? 나아가 5년 후의 직장 모습에 대비해 철저한 준비를 하고 있는 사람은 또 얼마나 될까? 직장이라는 시장 역시 충분히 알고 이용하는 사람에게는 기회를 주지만, 어떤 상황분석도 없이 업무에 매몰되어 하루하루 살아가는 사람에게는 쓰라린 결과를 안겨준다.

가정도 시장의 영향에서 자유롭지 않다. 우리는 흔히 가정을 시장이라는 살벌한 전쟁터에서 최후로 남은 안식처처럼 생각하는 경향이 있다. 하지만 현실에서는 가정 또한 이미 전쟁터 속에 들어와 있다. 경제적 능력에 따라 가장의 위상이 어떻게 바뀌고 있는지를 생각해 보라. 정보화의 진전으로 채팅, 게임, 포르노 프로그램 등이 안방까지 무차별하게 스며들면서 가정이라는 보호막이 얼마나 쉽게 무너지고 있는지 관찰해 보라.

이 모두가 시장의 변화와 깊은 관련이 있다. 그런데도 우리는 시장에 관한 지식이 너무나 부족하다. 시장이 어떻게 돌아가고 있는지에 관한 지식도, 시장 속에서 어떻게 행동해야 하는지에 관한 지식도 거의 없다. 그러다 보니 시장의 거대한 움직임에 밀려 아무도 거들떠보지 않는 무인도에 떠밀려오고 나서야 세상의 각박함과 자신의 무능력을 탓하는 일이 빈번히 일어난다. 아마도 앞으로 가면 갈수록 무인도에 떠밀려오는 사람들이 더욱 많아질 것이다.

이 같은 운명에 처하지 않으려면 지금이라도 당장 시장이라는 것이 무엇인지, 어떻게 하면 시장을 현명하게 이용할 수 있을 것인지에 대해 제대로 공부할 필요가 있다. 흐름을 올바르게 읽고, 그 흐름에 따라 배를 잘 저어간다면 시장은 기회의 땅으로 이끄는 눈부신 바다일 수 있다.

'성공형' 인간의 아주 특별한 성공 노트

자신을 '실패한' 인간으로 여기는 사람은
아무리 좋은 의도나 강한 의지를 갖고 있다 해도,
설사 기회가 주어진다 해도 실패하고 말 것이다.
- 맥스웰 몰츠

중학교 시절 집중력과 인내심이 부족해 단 5분도 책상 앞에 앉아 있지 못하고, 반에서 30~40등밖에 하지 못했던 조승연씨. 그러나 그는 미국의 명문 뉴욕대 경영학과와 줄리어드 음대에 동시에 합격하고 라틴어와 프랑스어, 독일어에도 유창한 '공부 괴물'로 변신할 수 있었다.

고교 2학년 시절에는 미국 10대들이 사용하는 영어를 모아 《지금, 미국에선 이렇게 말해야 통한다》라는 책을 펴냈는가 하면 대학에 진학해서는 《공부기술》, 《생각기술》이라는 베스트셀러의 작가로 발돋움했다.

그렇다고 공부만 한 것도 아니다. 고등학생 시절 바텐더 자격증을 딴 그는 대학 근처의 생맥주집에도 자주 가고, 종종 카네기홀에서 공연을 보기도 하며 피아노 연주, 태권도, 펜싱 등을 즐긴다.

어떻게 이 같은 변신이 가능했을까? 그의 말을 들어보자.

"공부를 잘 하기 위해서는 머리가 좋아야 하거나 책상에 오래 앉아 있어야 하는 게 아니다. 자신에게 적합한 공부방법을 찾는 게 중요하다. (…) 한국의 부모들은 자녀의 성적에는 민감하지만 '어떻게 공부해야 하는지', 심지어 '왜 공부해야 하는지'를 말하지 않는다. 교사마저 '커서 고생하기 싫으면 공부하라'는 막연한 말로 공부에 몰두하기를 강요한다. (…) 공부기술을 찾는 첫 단계는 '모델을 정해 벤치마킹을 하라'는 것. 그 시작은 자신보다 공부를 조금 더 잘 하는 친구의 생활 습관을 관찰하는 것이다. 다음은 친구와 자신의 공부방법을 해부하듯 뜯어서 하나씩 비교한 뒤 한 가지씩 고쳐나간다. 이 때 일기를 쓰듯 일일이 체크해야 실패하지 않는다. 또한 한 해를 단위로 자신의 공부목표를 세우고 이를 한 달, 하루 단위로 쪼개 매일매일 실천해야 한다."

성공에 관한 비결 또한 이 말 속에 모두 들어 있다.

공부를 성공이라는 말로 바꾸어 보면 다음과 같다.

"성공을 위해서는 머리가 좋아야 하거나 무턱대고 노력만 해야 하는 게 아니다. 자신에게 적합한 성공방법을 찾는 게 무엇보다 중요하다. 성공기술을 찾는 첫 단계는 '모델을 정해 벤치마킹을 하라'는 것. 그 시작은 성공한 사람의 생활 습관을 관찰하는 것이다. 다음은 성공한 사람과 자신의 성공방법을 해부하듯 뜯어서 하나씩 비교한 뒤 한 가지씩 고쳐나간다. 이 때 일기를 쓰듯 일일이 체크해야 실패하지 않는다. 또한 한 해를 단위로 자신의 성공목표를 세우고 이를 한 달, 하루 단위로 쪼개 매일매일 실천해야 한다."

이처럼 성공비결은 자기 나름의 방법을 만들어 날마다 꾸준히 실천하는 데 있다.

진정 공든 탑은 무너지지 않는다

자신의 성공법에 대해 남에게 10분 이상 얘기할 수 있는 내용을 갖고 있는가? 자신에게 성공하는 사람의 특징이 있는지, 만약 없다면 그러한 특성을 갖기 위해 어떤 노력이 필요한지를 명쾌하게 설명할 수 있는가? 이처럼 자신만의 고유한 성공법이 없다면 적잖은 시행착오와 불필요한 비용을 치를 수밖에 없을 것이다. 최악의 경우에는 성공이라는 목표 자체의 달성이 불가능할 수도 있다.

10층 건물을 짓는 경우를 생각해 보자. 10층 건물이라면 고도의 건축공학 지식에 바탕한 정밀한 설계도가 필요하다. 이런 설계도

없이 벽돌과 시멘트와 철근만을 갖고 건물을 짓고자 한다면 대충 1 층 정도는 쌓을 수 있을지 모르겠지만, 2층 이상부터는 벽돌 쌓는 것도 힘들어지고 조금만 실수하면 쌓아올린 건축물마저 와르르 무너지는 일도 생길 수 있을 것이다.

영어나 컴퓨터, 직무공부 등은 성공에 필요한 벽돌과 시멘트, 철근의 역할과도 같다. 이들이 성공에 반드시 필요한 요소이기는 하다. 하지만 성공법이라는 건축설계도가 없으면 기껏해야 단층 정도의 평범한 건축물밖에 만들 수 없다. 10층 이상의 건축물을 세우고자 한다면 지금 당장 당신만의 성공법을 만들어야 한다.

내가 꿈꾸는 건물은 10층인가, 20층인가, 30층인가? 아니면 100층인가?

나는 정녕 100층 이상의 건물을 쌓아올릴 수 있는가?

100층 건물을 짓기 위해서는 어떤 기술이 필요한가? 돈은 얼마나 필요한가? 100층 건물을 짓는 데 들어가는 비용과 기술을 확보하기 위해 어떤 사람들을 어떻게 만나야 할 것인가? 이 같은 문제들에 대해 자기 나름의 해답을 마련할 수 있어야 한다. 자신만의 성공학이 있어야만 성공의 문에 들어설 수 있는 것이다.

성공학에 관한 지식은 어떻게 하면 얻을 수 있는가? 가장 쉬운 방법은 서점에 가서 관련서적을 사서 읽는 것이다. 《성공하는 사람들의 7가지 습관》, 《성공의 법칙》, 《네 안에 잠든 거인을 깨워라》,

《부자 아빠 가난한 아빠》 등등 사람들의 관심을 끌었던 베스트셀러를 들여다보는 것도 효과적이다. 그러나 간헐적인 독서만으로는 성공학에 관한 지식을 얻고 실천하기에 부족하다. 두꺼운 책을 골랐다가 중도에 포기하기 일쑤고, 책에 적힌 이론이 자신의 현실과 동떨어져 있는 경우도 많다. 어떤 책이 자신에게 진정 도움이 되는지도 잘 모르겠고 돈도 부족할 수 있다.

이런 사람들은 석세스피아(www.successpia.co.kr)와 같은 성공관련 전문 사이트를 활용하는 것도 한 가지 방법이다. 매일 조금씩이라도 성공과 관련된 지식과 정보를 골라서 읽고 꾸준히 실천하는 노력을 할 수 있다는 점에서 불규칙적으로 성공학 책을 읽는 것보다 훨씬 효율적인 방법이 될 수 있다. 가장 바람직한 학습방법은 성공학 사이트를 매일 활용하면서 주기적으로 화제가 되는 베스트셀러들을 함께 읽어보는 것이다.

이와 함께 종종 평판이 좋은 성공학 관련 세미나에 참가해 다양한 사람들과 대화를 나누면서 성공에 관해 좀더 깊은 지식을 쌓고 자신의 성공법을 점검해 보는 기회를 갖는 것도 매우 효과적이다.

 ●●●06

문제를 분석하기보다는 해결하라

1967년 4월, 박정희 대통령은 선거공약으로 제2차 경제개발 5개년 계획기간 중에 경부고속도로를 건설하겠다는 계획을 내놓았다. 경제개발이 본격화되면서 수송 화물이 급격히 늘어나 철로운송이 포화상태에 이른데다 수출주도 경제성장을 위해서는 경제중심지인 경인지역과 태평양으로 향하는 창구인 부산을 연결하는 것이 필수적이라고 생각했기 때문이다.

그러나 경부고속도로 건설계획은 엄청난 반대에 부딪혔다. 고속도로를 건설하는 데 필요한 엄청난 비용을 조달하기 어려울뿐더러

인플레이션에 대한 우려와 경제적 가치가 떨어진다는 견해가 지배적이었다. 나아가 이는 장기집권을 노리는 박정희 정권의 정치자금 확보를 위한 계획이라는 비판도 있었다.

이들 비판자는 나름대로 그럴 듯한 이론과 근거를 갖추고 있었다. 하지만 고속도로는 반드시 건설되어야 한다는 확고한 신념을 갖고 있었던 박 대통령은 거의 혼자서 정책입안, 자금조달, 현장지휘 등의 총괄책임을 수행했다. 가장 큰 난관이었던 건설재원 문제는 공기단축으로 일본의 8분의 1 수준에 불과한 1km당 1억 원의 초저가 건설비로 해결할 수 있었다. 경부고속도로 건설 후 30년이 지난 오늘날, 박 대통령의 결단에 부정적인 평가를 하는 사람은 거의 없다. 당신은 이 시점에서 경부고속도로 건설의 당위론과 비판론 중 어느 것이 진짜 지식이라고 생각하는가?

엄청난 논란을 불러일으켰던 새만금 공사를 생각해 보자.

"간척을 통한 농지 조성의 필요성이 없어졌고 갯벌 소실에 따른 환경피해가 막심하다. 공사는 당장 중단되어야 한다."

"아니다. 지금까지 이룩한 공사의 성과도 살리고 지역의 균형발전을 위해서도 공사는 강행되어야 한다."

"강행이냐, 중단이냐의 문제로 보지 말자. 지금까지 이룩한 공사의 성과도 살리고, 지역의 균형발전도 꾀하고, 환경피해도 막기 위해 생태도시·해양도시 등의 제3의 길을 마련해야 한다."

당신이라면 어떤 길을 선택하겠는가?

기업과 근로자 모두 깊은 관심을 갖고 있는 노사관계의 문제도 한번 생각해 보자.

"노사가 한 발씩 양보해서 근로자측은 임금인상을 자제하는 대신 경영자측은 일정 부분 경영참가를 허용하는 네덜란드 식 모델을 도입해야 한다."

"아니다. 우리가 살 길은 성과에 따라 고용과 보수가 결정되는 영미식 모델이다."

"네덜란드식 모델이냐, 영미식 모델이냐가 중요한 게 아니다. 우리 현실에 필요한 노사관계는 어떤 것이고, 그런 노사관계를 실현하기 위해 어떤 전략·전술을 선택할 것인지가 훨씬 더 중요하다."

당신은 어떤 방식에 입각해 판단하고 있는가?

문제나 과제가 생기면 그에 대해 접근하는 방식에는 사람마다 커다란 차이가 있다. 어떻게든 문제를 해결하겠다는 확고한 목표의식을 갖고 문제해결을 방해하는 제약요인이 무엇인지를 찾아내 그것을 하나하나 없앰으로써 문제를 해결하고 좋은 성과를 올리는 사람이 있다. 반면에 왜 문제가 발생했고 문제해결을 방해하는 제약요인이 무엇인지를 나열함으로써 상황의 어려움만을 강조하는 사람도 있다.

전자가 문제해결형의 사람이라면 후자는 문제분석형의 사람이라고 할 수 있다. 우리 주변에는 문제분석형의 사람은 무수히 많지만 문제해결형의 사람은 드물다. 상황이 어렵다 보니 된다고 생각하기보다는 안 된다고 생각하는 쪽이 논리를 만들기도 쉽고 해야 할 일도 적어지기 때문이다. 그러나 현실에서는 문제분석만으로는 어려운 상황이 전혀 해결되지 않는다. 문제는 반드시 해결될 수 있다는 신념을 갖고 지식과 경험과 상상력과 열정을 총동원해 문제해결의 방향을 찾는 사람만이 현실의 변화를 주도해 나갈 수 있다.

지식경영에도
고객감동의 마케팅이 필요하다

우리는 이 지상에서 보내는 햇수에 비례해서 사는 것이 아니라
우리가 누리는 즐거움에 비례해서 사는 것이다.
– 헨리 데이비드 소로

당신이 경영자라면 그래프와 도표로 일목요연하게 정리된 2~3쪽
짜리 보고서를 읽겠는가, 아니면 300~400쪽의 두툼한 보고서를 검
토하겠는가?

감칠맛 나는 글이 보기 좋게 편집된 부드러운 책을 읽겠는가, 아
니면 밋밋한 문장들로 채워진 딱딱한 책을 펼치겠는가?

예전에는 지식이 그것을 제공하는 사람들의 기호에 따라 만들어
지거나 전달되는 경우가 많았다. 지식을 만드는 사람이라면 보통
최대한 많은 정보를 담아 두툼한 보고서를 내는 것이 일반적이었

고, 지식을 전달하는 사람이라면 듣는 사람이 어떻게 받아들이든 자신의 이야기만을 일방적으로 전하면 충분했다. 이른바 공급자 중심의 지식생산 및 전달방식이다.

그러나 오늘날에는 이 같은 방식으로 지식을 생산·전달하면 외면당하기 쉽다. 그렇지 않아도 멋지게 포장된 지식과 정보가 넘치는데 재미없고 딱딱한 지식과 정보에까지 눈을 돌릴 만한 여유가 없어진 것이다. 이제는 고객이나 청중이 바라는 내용과 형태를 반영한 맞춤지식으로 잘 포장해서 전달되어야 한다. 수요자 중심의 지식생산 및 전달이 필요한 것이다.

지식경영의 꽃은 마케팅이다

김대중 전 대통령은 10분 연설을 준비하는 데 10시간을 할애했다고 한다. 이는 달리 말하면 10시간의 지식을 10분짜리 보고서에 고밀도로 압축한 것이라고 할 수 있다. 이렇게 압축한 지식을 누구나 먹기 좋게 대중의 성서에 호소히는 당분을 첨가해 당의정으로 만들었다. 그러니 그의 현란한 논리적 설득을 누가 당해낼 수 있었겠는가? 그가 대중연설의 귀재라 불린 것은 타고난 재능도 재능이거니와 지식 마케팅에 노력을 기울인 데 힘입은 바 크다.

베스트셀러는 지식 마케팅에 성공한 사례로 주목할 만하다. 만

화로 그려진 《이웃나라의 역사》나 《그리스 로마신화》 등은 왜 폭발
적인 반응을 얻었는가? 한 마디로 말하면 알고 싶어하는 지식을 수
요자의 눈높이에 맞추어 가공 · 전달했기 때문이다.

시(詩)라면 어떨까? 현대시는 난해하기 짝이 없을뿐더러 시인들
의 자기만족을 위한 수단에 불과하다는 비판도 뚜렷하다. 본래 시
라는 문학 장르는 마케팅과는 거리가 멀다는 인식도 뿌리 깊다. 그
런 시단에서 유독 두드러지는 이단아적 시인이 있다. 내는 책마다
베스트셀러가 된 바로 류시화 시인이다. 그가 펴낸 시집은 기본적
으로 100만 부가 팔린다고 한다. 여기에 출판기획을 통해 출간된
책까지 합하면 지금까지 1,000만 권 이상이 판매되어 100억 원에
이르는 수입을 올린 가히 벤처기업 수준의 시인이다. 그가 이렇게
폭발적인 호응을 얻고 있는 이유는 무엇일까?

첫째, 시장의 수요를 예리하게 포착한다. 그는 구도, 명상이라는
전통적인 베스트셀러 분야를 자신의 영역으로 설정했다. 민중주의,
현실주의 흐름이 시단을 지배하던 1980년대에도 그는 그 흐름을
거부하고 구도와 명상의 영역에만 집중했다. 그것이 1990년대 이
후 바뀌는 시대흐름과 맞아 떨어졌다. 그는 충분한 준비를 통해 독
자들이 꼭 필요로 할 때 책을 내는 전략적 마인드를 갖추고 있다.
첫 시집 《그대가 곁에 있어도 나는 그대가 그립다》는 민중문학의
위세가 수그러들기 시작한 1991년에 출간되었다. 한 출판관계자는

"류시화 시인은 자신의 책이 팔릴 만한 시점까지 계산에 넣고 책을 내놓는 사람이다. 이 같은 뛰어난 사업적 감각이 있기 때문에 책이 잘 팔린다"라고 말한다.

둘째, 고객만족의 정신에 철저하다. 그는 한 권의 책을 내는 데 엄청난 준비기간을 거친다. 잠언시집 《지금 알고 있는 걸 그때도 알았더라면》은 류시화 시인이 약 13년 동안 준비한 책이다. 수필집 《지구별 여행자》는 그가 15년에 걸쳐 인도 대륙을 여행하면서 얻은 삶의 교훈과 새로운 깨달음의 기록이다. 오랜 기간 동안 충분히 준비했기 때문에 그의 책이 독자들을 감동으로 이끈다는 분석에 많은 전문가들이 동의한다. 류시화 시인은 "자신이 감동한 나머지 눈물을 흘리면 독자 또한 눈물을 흘릴 것이라고 생각한다"며 책을 고르는 기준이 '감동'에 있음을 강조한다.

이처럼 류시화 시인의 사례를 살펴보면 지식에서도 마케팅의 역할이 얼마나 중요한지 깨달을 수 있다. 앞으로는 지식과 정보를 다루면서 좀더 의식적으로 마케팅이라는 관점을 도입해 보도록 하자.

5

창의적 발상을 통해 새로운 삶을 설계하라

 01

창조적 발상으로 터닝 포인트를 관리하라

어제 세운 뜻을 오늘 새롭게 하지 않으면,
그것은 곧 우리 곁을 떠나고 만다.
—M. 루틴

향기에 미쳐 향기로운 인생을 꽃 피운 그린아이디어뱅크 신승엽 사장

국내 최초로 '고교생 벤처기업'을 만든 10대 벤처 사업가.

대학 생활과 사업을 병행하며 사업 3년 차에 연매출 600억 원, 직원 수 40여 명에 달하는 기업을 운영하는 알짜배기 학생 사업가.

스위스의 투자회사 에이플러스에서 그의 사업 장래성을 인정해 2억 달러의 투자 제의를 받고, 프랑스의 향수 업체에게서 제품에 향기를 투입하는 기술 이전에 따른 로열티 수백억 원을 제공하겠다는 제의를 받기도 한 전도양양한 경영자.

'공기튜브모자', '향기속옷', '향기조화' 등의 제품으로 세인의 주목을 받으며 하루가 다르게 성장해 마침내 억만장자의 대열에 오른 '그린아이디어뱅크' 신승엽 사장의 화려한 이력이다. 보통사람들은 몇십 년을 살아도 자신의 자리 하나 보존하기 힘든 것이 사실이다. 그는 어떻게 해서 고등학생 시절에 벤처 기업을 설립하고 대학을 졸업하기도 전에 억만장자가 될 수 있었을까?

신승엽은 호기심이 많다는 사실을 제외하면 매우 평범한 사람이었다. 외아들로 자랐기 때문에 사회성이 부족할까봐 많은 염려를 했던 그의 부모님은 친구들을 자주 집에 데려오게 하고 함께 여행을 많이 했다.

그는 여행을 통해 자연스럽게 환경친화적인 사고를 갖게 되었다. 그가 개발한 제품 중 환경친화적인 것들이 유독 많은 이유는 이와 같은 어린 시절의 경험과 무관하지 않다.

중학교에 입학해서는 호기심을 해결하기 위해 직접 행동에 나섰다. 발명 전시회도 혼자서 찾아다니고 발명에 필요한 물품들도 몸소 구입하러 다녔다.

중학교 1학년 시절 운동경기장에 갔다가 한 번 쓰고 버리는 1회용 모자를 보고는 아깝다는 생각이 들었다.

'휴대하기 편하면서도 반영구적으로 사용할 수 있는 모자가 없을까?

나중에 일본 수출을 통해 많은 인기를 모은 '공기튜브모자' 아이디어의 출발은 이처럼 간단한 의문에서 비롯되었다. 생각하기에 따라 누구나 가질 수 있을 만한 의문이었다.

다른 사람과 비교되는 그의 남다름은 의문을 단지 의문으로 끝내지 않고 이의 해결을 위해 실험으로까지 연결시키고야 마는 열정의 차이에 있다. 편리한 모자를 만들기 위해 승엽은 비닐봉지에 본드를 넣고 숨을 불어넣는 실험을 했다. 사전지식이 있었던 것도 아니고 그저 그렇게 해보면 뭔가 될 수 있을 것 같은 막연한 느낌이 그의 실험을 뒷받침하는 전부였다.

본드를 불어넣는 실험을 하다가 부모님에게 들켜 '본드를 흡입하는 불량소년'으로 오해를 사기도 했다. 이런 우여곡절을 거쳐 끈질기게 실험한 결과, 6개월 만에 그의 첫 발명품인 '공기튜브모자'가 완성되었다. 중학교 3학년 때의 일이었다.

그의 남다른 호기심은 여기에서 그치지 않았다. 어느 날 어머니가 외출을 앞두고 옷에 향수를 뿌리는 것을 지켜보다가 문득 다음과 같은 생각이 떠올랐다.

'몸 자체에서 향기를 나게 하는 방법은 없을까?'

'속옷에 향을 주입하면 향수를 뿌리지 않아도 자연스럽게 향기가 나지 않을까?'

엉뚱하기 짝이 없는 이런 생각을 다른 사람에게 말했다면 별난 괴짜 정도의 취급을 받았을 것이다. 그러나 그는 의문을 품는 순간 곧바로 무모해 보이는 실험에 돌입했다.

일단 어머니의 속옷을 훔쳐 향기를 불어넣는 실험을 해보았다. 그러나 처음부터 잘 될 리 없었다. 휘발성이 강한 알코올이 주 성분인 향기는 얼마 지나지 않아 곧바로 공기 속으로 흩어져버렸다. 특히 향과 물은 서로 상극이었기 때문에 세탁을 자주 해야 하는 속옷에 향을 집어넣기란 매우 어려운 일이었다.

그러나 그는 실패에 아랑곳하지 않았다. 실험을 위해 수백 장의 여성용 속옷을 사들였고 심지어 가방 속에도 속옷을 갖고 다니다 선생님에게 발각돼 혼쭐이 나기도 했다. 그러나 그는 반드시 목표를 달성하겠다는 집념으로 실험에 실험을 거듭했다.

그러던 어느 날 TV에서 품질경영 강좌를 시청하다가 그는 아이디어를 얻었다.

'바로 저거야, 저렇게 하면 되겠어!'

그 동안 겪었던 많은 실패의 경험이 우연한 기회에 외부 지식과 결합됨으로써 비로소 문제가 풀리는 순간이었다. 그는 자신이 생각한 해법에 대해 인터넷을 뒤져 알아보았다. 엄청난 정보와 지식의 보고인 인터넷은 그의 해법이 맞다는 사실을 확인해 주었다. 몇백억, 몇천억 원의 부가가치를 창출한 향기 주입술은 이렇게 만들어졌다.

조화 속에 향기를 주입해 '향기 나는 조화'를 만들어낸 과정도 흥미롭다.

어느 날 그는 꽃 박람회에 갔다. 아름답게 핀 꽃들을 바라보며 향기를 맡다가 그는 이상한 의문이 들었다. 꽃은 아름다운데 생각보다 향기가 없었던 것이다. 그는 꽃집 주인에게 물었다.

"꽃에서 왜 향기가 나지 않죠?"

"야생으로 자란 꽃에는 향기가 많지만 사람들 손에서 자란 꽃들은 향기가 별로 없어요."

'꽃의 생명은 향기인데, 향기가 없다면 어떻게 꽃이라고 할 수 있는가? 제대로 향기가 날 수 있도록 향을 주입해 보면 어떨까?'

'향기 나는 조화'의 아이디어는 바로 여기에서 시작되었다.

물론 이들 발명이 처음부터 돈을 목적으로 한 것은 아니었다. 그저 '불편한 것을 어떻게 하면 편하게 만들 수 있을까?'라는 고민에서 시작된 것이며 문제를 해결하는 과정 그 자체가 즐거운 일이었다.

그의 아이디어가 황금 박스로 바뀐 것은 고등학교 3학년 시절 벤처기업을 설립하면서부터다. 우선 그는 부모님에게 회사를 설립하겠다는 뜻을 밝혔다. 특허출원도 거의 준비돼 있었고 시장성도 충분하다고 판단했기 때문에 망설일 이유가 없었다. 자신의 능력을 하루 빨리 세상 사람들에게 보여주고 싶은 욕심도 있었다. 그러나 뜻밖에도 그의 부모님은 만류하고 나섰다. 사업을 하는 것도 좋지만 아직 시기가 이르고, 무엇보다도 좋은 대학에 들어가는 것이 더욱 중요하다고 생각했기 때문이다.

그러나 승엽씨도 만만치 않았다. 그는 자신이 성공할 수 있다는 것을 사업계획서로 만들어 부모님을 설득했다. 호텔을 경영하는 사업가였던 그의 아버지는 사업계획서와 열정을 보고 사업을 해도 좋다는 허락을 했다. 제품 생산에 필요한 기계의 구입과 자본금 등은 아버지의 지원을 받았다.

이렇게 해서 탄생한 것이 '그린아이디어뱅크'라는 이름이다. 환경과 조화될 수 있는 아이디어 제품을 생산하겠다는 뜻이 담긴 이름이었다.

그린아이디어뱅크가 처음으로 내놓은 제품은 신승엽 사장이 중학교 때 개발한 공기튜브모자. 이 제품은 자원을 절약하고 모자에 광고를 할 수 있다는 장점 때문에 출시되자마자 큰 호응을 얻었다. 일본 J리그에까지 수출돼 회사설립 첫 해에 40억 원의 매출을 기록했다. 뒤이어 2001년에는 향기속옷, 향기조화 등을 주력상품으로 내세워 200억 원, 2003년에는 체지방이 분해되는 다이어트 향, 향기 크레파스, 해충 퇴치의 기능성조화 등의 상품이 출시되면서 600억 원의 매출을 기록하는 높은 성장세를 유지했다.

20대 젊은 나이에 세계가 인정하는 괄목할 만한 성과를 거둔 신승엽 사장의 아이디어는 대체 어디에서 나오는 것일까? 그의 이야기를 통해 그 비밀을 들어보기로 하자.

먼저 그는 모든 아이디어가 생활에서 나온다는 점을 강조한다. 외출 준비를 하는 어머니가 향수를 뿌리는 것을 보면서 '향기 나는 속옷'을 개발했고, 꽃 박람회에 가서 향기가 나지 않는 꽃을 보고 '향기 나는 조화'를 개발했던 것처럼 생활의 주변을 잘 관찰하면 무궁무진한 아이디어를 얻을 수 있다고 말한다.

그 다음으로 자신감을 강조한다. 보통사람들은 아이디어를 떠올리고도 그것을 제품으로 구체화시킬 자신이 없기 때문에 미리부터 포기하는 경우가 많다. 이 같은 자세로는 어떤 성과도 얻어낼 수 없다. 신승엽 사장은 아무 준비도 없던 상황에서 남들이 모두 불가능하다고 생각하는 일에 과감하게 도전장을 던졌다. 결국 그의 판단은 좋은 결실로 이어졌다. "자신감을 갖고 할 수 있다고 생각하면 못 할 일이 없다"고 그는 역설한다.

한 우물을 파는 것도 매우 중요하다. 자신이 가장 잘 할 수 있는 분야를 찾아 다양하고 풍부한 경험을 쌓고 그 분야에서 최고의 위치에 오르는 일이다. 그렇게 하면 많은 아이디어가 생겨나고 그 속에는 틀림없이 좋은 성과를 올릴 수 있는 진주가 숨어 있게 마련이라고 한다.

그러나 그는 전문교육을 받은 사람들이 그 분야에서 반드시 창의적인 성과를 내는 것은 아니라고 말한다. 전문교육을 받은 사람들은 한계를 미리 정해놓고 아이디어를 구상하기 때문에 불가능한 영역에 도전하는 발명 분야에서는 전문교육이라는 것이 오히려 불리하다고 생각한다. 자신이 이공계 출신이 아니면서도 향기 제품을 개발할 수 있었던 이유는 이론에서는 뒤져도 아이디어에서 훨씬 뛰어났기 때문이라고 강조한다.

어떤 향기가 어떤 효과를 내고, 어떤 물질이 어떤 방식으로 인체에 영향을 미치는지 등의 이론적인 공부와 제품을 만드는 방법 등의 기술은 필요할 때마다 따로 학습하는 것으로 충분했다. 또한 그는 유연한 사고를 가질 것을 권한다. 주입식 공부에 길들여진 탓에 A의 결과는 항상 B라고 여기지만, 때로는 C의 결과도 나올 수 있다는 생각을 가지라고 주문한다. C는 남들이 불가능하다고 생각하는 답인데, 바로 여기에 보물이 숨겨 있는 경우가 많다는 것이다. 꽃, 흙, 속옷 등에 향기를 불어넣은 것이 대표적인 경우이며 “생각을 바꾸면 돌덩이에서도 향기를 낼 수 있다”는 것이 신 사장의 경험에서 우러나온 소신이다.

아이디어란 뭔가를 골똘히 궁리한다고 해서 얻어질 수 있는 성격이 아니다. 다른 사람들이 안 된다고 하는 것에 대해 그 안 되는 이유를 따져보는 방식으로 접근할 수 있을 때 비로소 아이디어가 찾아온다.

그는 순간순간 떠오르는 아이디어를 일일이 메모했다가 시간이 날 때마다 연구하는 습관을 갖고 있다. 사람들과 대화를 할 때도 '이건 왜 안 되지?', '이렇게 했으면 좋았을 텐데…' 하는 상대방의 말들을 흘려듣지 않고 꼭 메모해 두었다가 다른 것과 결합시켜 응용한다. 대신 아이디어 노트는 만들지 않는다. 만약 노트를 잃어버려 다른 사람의 손에 들어간다면 자신의 아이디어를 빼앗기기 때문에 생각날 때마다 연습장에 적어놓았다가 바로바로 없애버린다고 한다.

마지막으로 그는 인터넷의 중요성을 강조한다.

"인터넷을 잘 활용한다면 이제 못하는 것이 없는 세상이잖아요. 아이디어에 맞는 정보들을 효과적으로 수집한다면 누구나 훌륭한 발명가가 될 수 있습니다."

어떤 아이디어가 생각났다면 그 실현에 필요한 지식과 정보의 대부분은 인터넷을 통해 얻을 수 있다. 신 사장도 향기 나는 아이디어의 실현에 필요한 정보를 인터넷에서 찾았다. 인터넷에서 모자란 것은 인터넷을 통해 알게 된 전문가를 통해 보완할 수도 있다. 정보와 지식이 차단돼 발명을 할 수 없다는 말은 이제 더 이상 할 수 없게 된 것이다.

현재 대학에 진학, 학업과 사업을 병행하면서 CEO로서의 능력을 키우며 바쁜 나날을 보내고 있는 그는 벤처 사업가를 꿈꾸는 후배들에게 마지막으로 조언한다.

"꿈을 이루고 싶다면 자신만의 독특한 아이디어를 가지는 것이 중요해요. 그리고 그 일에 자신이 있다면 주변 사람들에게 조언을 구하고 응용력을 키우세요. 자신감은 갖되 자만심을 가져서는 안 됩니다. 현재에 안주하지 말고 지속적으로 도전하는 자세가 필요합니다."

어떤가? 우리가 좀더 생각을 바꾸고 좀더 열정을 갖는다면 신승엽 사장이 이루어낸 성과들과 비슷한 결과들을 얼마든지 얻어낼 수 있지 않을까?

02

고정관념을 벗어나면 성공의 꽃밭이 보인다

사과는 예측하지 못한 순간에 우리 무릎 위로 떨어진다.
하지만 당신이 직접 과수원에 가서 나무를 약간
흔들어줄 때 사과가 떨어질 가능성은 더욱 많아진다.
— 찰스 핸디

동토의 땅 러시아에 가서 에어컨을 팔라고 한다면? 열대의 베트남에서 난로를 팔라고 한다면? 미국 연수 한 번 가지 않고 인기 영어 강사가 되라고 한다면? 조선소도 없는데 선박을 수주하겠다고 한다면? 야채나 과일로 벤처기업을 만들어보라고 한다면? 남자가 수예점을 내서 성공하겠다고 나선다면?

상식적인 사고를 갖고 있는 평범한 사람들에게 이 같은 질문을 던지면 깊이 생각해 보지도 않은 채 한 마디로 "불가능!"이라고 대답할 것이다. 그러나 결론부터 말하면 모두 현실에서 일어났거나 일어나고 있는 사례들이다.

불가능에서 '불'을 지운 성공형 인간들

LG전자 모스크바 지사장을 맡고 있는 안해모 과장은 1996년 "러시아에 가서 에어컨을 팔고 오라"는 특명을 받았다. 당시 그에게 이 말은 "알래스카에 가서 냉장고를 팔고 오라"는 우스갯소리처럼 들렸다. 하지만 정작 시장을 조사해 보니 러시아인들이 1년에 4개월이나 에어컨을 사용한다는 사실을 알게 되었다. 또한 시베리아 벌판도 한여름에는 영상 30도 이상 올라간다는 지식도 얻었다. 영하 40~50도의 혹한에 익숙한 러시아인들은 여름 기온이 영상 25도만 웃돌아도 더위 때문에 몹시 힘겨워한다. 에어컨의 시장성이 충분하다는 결론을 내린 안 과장 팀은 본격적인 판촉활동을 통해 에어컨 25만 대를 판매, 6,000만 달러의 매출실적을 올렸다.

아이씨텍은 사우디아라비아와 베트남에 전기난로를 수출한다. 이 회사의 최근영 사장은 베트남 진출 5개월 만에 3,000대 이상을 팔아치웠다. 더운 지방에서 전기난로가 인기를 얻는 것은 에어컨과 정반대의 이유에서다. 베트남의 경우 가장 추운 시기에도 한낮 온도가 영상 30도를 웃돌지만 일교차가 심해 밤이 되면 영상 10도 이하로 떨어진다. 따라서 현지인들은 가죽 점퍼를 입고 다닐 정도로 추위를 몹시 탄다.

이 회사는 또한 전기난로를 소개하면서 난방 외에 '원적외선' 기능을 갖춘 '건강보조기구'임을 강조함으로써 사계절 어느 시기에나 사용할 수 있는 제품임을 인식시켰다. 베트남 현지 가격은 85~90달러로 현지 일반 노동자의 한 달 평균임금에 가깝지만 "없어서 못 판다"는 게 최 사장의 설명이다.

《김치 발음에 빠다를 발라주마》,《말 못하는 영어는 가짜영어다》 등 영어학습 관련 베스트셀러의 저자이자 EBS 교육방송 〈잉글리시 카페〉의 진행자 문단열씨. 현재 그는 우리나라에서 최고의 인기를 자랑하는 영어강사다. EBS 방송 사상 최대의 히트작이자 커다란 관심을 모았던 도올 김용옥의 동양학 강의를 추월할 정도의 높은 시청률을 기록하기도 했다. 사실 문단열씨는 외국에 다녀온 경험도 없고 그 흔하디 흔한 석사학위도 없다. 특히 영어라는 분야가 자신의 전공이 아니라는 이유도 오랫동안 공중파 방송에서 배제된 채 이른바 '재야의 고수'로서 묵묵히 활동해야 했던 원인이라는 사실을 아는 사람은 그리 많지 않다.

조선소를 만들겠다는 꿈을 가진 정주영은 돈을 구하기 위해 세계 각국을 뛰어다녔지만 "너희가 어떻게 배를 만들 수 있겠느냐?"며 문전박대만 당했다. 그러다가 1971년 9월 미국 차관브로커의 주선으로 영국의 A&P애플도어사의 롱바톰 회장을 만났다. 이 회사도 처음에는 대답이 "노"였다. 이 때 정주영은 주머니에서 거북선이 인쇄된 500원짜리 지폐를 꺼냈다.

"한국은 영국보다 300년 앞서 세계 최초로 철갑선을 만든 나라입니다. 쇄국정책으로 산업화가 늦어져 국민의 능력과 아이디어가 녹슬었을 뿐 우리의 잠재력은 그대로 있습니다."

이 한 마디로 기술도입 계약은 승인됐고 차관도 받을 수 있게 되었다. 그러나 문제는 여기서 끝나지 않았다. 차관을 도입하려면 선박계약서가 있어야 했기 때문이다. 당시 현대는 아직 조선소 부지도 매입하지 않은 상태였다. 정주영은 다시 그리스 선박왕 오나시스의 처남인 리바노스를 찾아갔고 거기에서 두 척의 유조선을 수주했다. 조선소는 1972년 3월 착공됐고 그 후 2년 3개월이 지난 1974년 6월 준공됐다. 동시에 유조선 두 척도 함께 건조해 냈다. 조선소와 유조선을 동시에 만든 세계조선사에 유례없는 일이었다.

한 걸음만 자신 있게 앞서가라

서울 대치동 은마아파트 뒤편에는 '젊음 이 곳에…. 자연의 모든 것' 이라는 야채가게가 있다. 총각들이 차린 가게라 '총각네 야채가게' 라고도 불린다. 이 곳은 한산한 주변 상가와 달리 연일 찾아오는 주부들로 발디딜 틈이 없다. 가게 주변 고객들뿐 아니라 분당 ·

일산지역 주부들까지 야채를 사러 방문한다. 전체 고객 가운데 30~40%가 비강남권 손님이라고 한다.

18평 규모에 불과한 이 매장은 대형 슈퍼마켓과 맞먹는 매출을 올리고 있으며 평당 매출액은 전국 최고를 자랑한다. 지저분한 앞치마를 두른 아줌마 대신 넥타이 차림의 젊은 총각직원들이 싱싱한 야채만큼이나 상쾌한 모습으로 고객들을 맞이한다. 밤늦게까지 문을 열고 장사를 하는 일반 야채가게와는 달리 평일 오전 10시에 문을 열어 오후 7시면 어김없이 문을 닫는다. 토요일에는 오후 3시에 문을 닫고 일요일은 휴무다.

영업시간이 일반 야채가게보다 짧지만 고객은 그 어느 곳보다 많다. 열려 있는 시간이 많지 않기 때문에 오히려 더욱 붐비는 것이다. 총각들의 유쾌한 서비스를 받으며 최고 품질의 야채나 과일을 사기 위해서는 빨리 서둘러야 하기 때문이다. 소문을 듣고 멀리서부터 찾아오는 고객들로 문전성시를 이루자 이윽고 매장 한 곳만으로는 밀려드는 수요를 도저히 감당해 낼 수 없게 되었다. 이렇게 해서 하나 둘 늘어난 가게는 이세 여덟 군데가 되었고 근무하는 직원 수도 80명에 이른다. 누구도 주목하지 않았던 동네 야채가게가 순식간에 많은 사람들이 주목하는 '야채 벤처기업' 으로 변신한 것이다.

"머스마가 뜨개질하는 게 뭐 어때서요? 요리도, 머리 하는 것도 남자가 최고인 세상인데예. 수예 분야에서는 우리가 최고아입니까!"

뜨개질로 이름을 날렸던 어머니의 뒤를 이어 뜨개질을 '패밀리 비즈니스'로 키우면서 1994년 이래 '물망초 수예'라는 수예점을 차리고 전국 체인망까지 만들어 활동을 하고 있는 정문호, 현호 형제. 동생은 어려서부터 손재주가 좋아 뜨개질도 곧잘 했고 대학 때 수예점을 운영한 적도 있었다. 하지만 문호씨는 한때 촉망받던 대학 야구선수로 '사내가 뜨개질 같은 거 하면 죽는 줄 알았다'는 투박하고 보수적인 남자였다.

그는 불의의 교통사고로 왼쪽 무릎을 잃으면서 실의의 나날을 보냈다. 그러다가 무대의상을 만든다는 50대 남자의 '난 돈 내고도 배우러 오는데 총각은 왜 놀기만 하냐?'는 핀잔에 커다란 자극을 받아 수예의 길로 들어섰다. 현재는 문화센터 강사들을 가르칠 만큼 '뜨개질 도사'가 된 그는 다음과 같이 말한다.

"남자가 만들었다고 하니까 더 잘 팔려요. 뜨개질하는 재미에 매일 밤을 샜더니 어머니가 '야가 와이라노' 하시며 말리기도 했죠."

이는 모두 고정관념에 도전해 멋진 성공을 거둔 사례들이다. 우리는 상식적으로 납득할 수 있는 일 외에는 고정관념에 사로잡혀 불가능 또는 위험이라는 딱지를 붙여놓은 채 한 발도 더 나아가지 않으려는 경향을 갖고 있다. 그 딱지만 떼면, 그리고 한 발만 더 내디딘다면 성공의 화원으로 들어가는 문이 열릴 수 있는데도 말이다.

불가능하다고 생각하는 것은 상상력이 부족하기 때문이다. 고정관념을 과감하게 떨쳐버리고 어떤 것도 가능하다고 생각하면서 자유롭게 상상력을 펼치다 보면 불가능한 것처럼 보였던 문제에서도 어느덧 해법의 실마리를 찾을 수 있다. 성공의 꽃밭은 굳게 닫힌 고정관념의 문을 열 때 비로소 그 아름다운 모습을 드러내는 것이다.

03

성공형 인간은 '개방형' 인간이다

행복의 한문이 닫히면 다른 한문이 열린다.
하지만 종종 우리는 닫힌 문을 너무 오래 바라보기 때문에,
우리에게 열려 있는 행복의 문은 보지 못한다.

— 헬렌 켈러

콜라 한 병에 100원 하는 동네 구멍가게가 있다. 가게에서는 빈 병 두 개를 가져오면 콜라 한 병을 준다. 만일 당신에게 1,000원이 있다면, 당신은 최대 몇 병의 콜라를 마실 수 있을까?

이 물음의 정답은 19병이다. 그런데 어떤 사람이 20병을 먹을 수 있는 방법도 있다고 주장한다면?

"에이, 그럴 리가…"라고 할 것인가? 아니면 "아, 그래? 어떤 방법일까? 한번 생각해 보자…"라고 할 것인가?

20병을 마실 수 있는 방법이 있다. 마지막 콜라를 마시고 나면

빈 병이 하나 남는다. 여기서 외상으로 콜라 한 병을 사서 마시면 두 개의 빈 콜라 병이 생긴다. 그것을 콜라로 바꿔서 외상으로 산 콜라 값을 치르면 결국 20병의 콜라를 얻게 되는 셈이다.

처음부터 20병을 얻는 것이 불가능하다고 생각한 사람은 끝끝내 20병을 마실 수 없다. 그러나 가능하다고 생각한 사람은 노력 끝에 결국 '외상'이라는 다른 사람이 미처 생각지 못한 기발한 발상을 찾아낸다. 창의성 발휘를 위해서는 긍정적 사고가 매우 중요함을 보여주는 단적인 사례다.

어떤 신발회사에서 아프리카의 한 마을로 판매사원을 파견했다. 그 곳은 그 회사에서 한 번도 신발을 팔아본 적이 없는 마을이었다. 파견된 직원은 세일즈 경험이 풍부한 경력사원이었다. 회사는 그에게 큰 기대를 걸었다. 그는 아프리카에 도착하고 얼마 지나지 않아 본사로 연락을 보내왔다.

"회사로 돌아가야겠습니다. 이 곳에서는 아무도 신발을 신지 않습니다." 회사에서는 그를 불러들였다. 그러고는 다른 판매사원을 파견했다. 이번에는 세일즈 경력이 일천한 신참 직원을 보냈다. 그는 경험이 풍부하지는 못했지만 열정만큼은 대단했다. 회사에서는 그가 몇 켤레 정도는 팔 수 있으리라고 예상했다. 그는 도착하자마자 본사에 긴급 메시지를 보냈다.

"본사에 있는 신발을 모두 보내주셔야겠어요. 이 곳에는 신발 신은 사람이 하나도 없어요!"

매사에 부정적인 태도를 갖고 있는 사람은 창의적 발상을 하기가 어렵다. '될 수가 없다', '될 리가 없다'고 마음의 문을 굳게 닫아버린 사람에게 새로운 가능성을 찾는 창의성이 깃들 여지는 없기 때문이다. 지금 당장 보이지는 않지만 상상력을 발휘하면 틀림없이 해답이 있다고 생각할 때 비로소 창의성이 발휘되는 것이다.

성공형 인간은 '실험형' 인간이다

2002년 16대 대통령선거도 상식적으로는 불가능한 일의 연속 끝에 노무현 후보의 당선으로 막을 내렸다. 이인제 대세론을 뒤엎고 국민경선에서 고졸학력의 비주류인 노무현 후보가 승리한 것이다. 한때 그는 60%에까지 이르렀던 지지율이 10%대로 하락하며 3위로 전락했다가 정몽준 후보와의 극적인 단일화로 판세를 일거에 반전시켰다. 투표 전날 정몽준 후보의 지지철회로 대통령의 꿈이 멀어지는 듯했다가 투표 당일 네티즌의 반란(?)에 힘입어 기적적인 역전승을 거둔 노무현 대통령. 그는 긍정의 힘이 부정의 제약조건들을 극복한 대표적인 사례로 꼽힐 만하다.

긍정적 사고와 함께 창의성 발휘에 중요한 것은 다른 의견을 받아들일 줄 아는 '개방적' 사고다. 16대 대선에서 노무현 후보가 승

리한 주요 요인 중 하나는 그가 눈물을 훔치는 장면이 클로즈업된
TV 홍보용 광고, 서민들의 정서를 파고든 '자갈치 아지매'의 지지
연설 등 감성적 홍보가 상대 당의 경직된 홍보전략을 압도했다는
점이다. 이 같은 홍보는 새로운 아이디어를 적극적으로 받아들인
선거본부 리더들의 개방적 사고가 있었기 때문에 가능했다.

한나라당에서는 대선 이전의 선거에서 거의 완벽한 승리를 거두
어왔기 때문에 홍보에서도 새로운 실험을 할 필요가 없었다. 하지
만 당시 민주당은 계속되는 선거참패로 기존과는 다른 방식으로 승
부를 걸 수밖에 없다는 분위기가 형성되어 있었다. 결과는 대성공
이었다. 수많은 작은 실패가 개방적 사고의 폭을 넓혀 결국 큰 성공
을 가져오는 원동력으로 작용했던 것이다.

창의적 사고에서 또 하나 중요한 것은 '유연성'이다. 고정관념이
나 기존의 익숙한 방식으로만 생각하지 않고 새로운 시각으로 바라
보는 태도, 발상전환에 따라 훨씬 좋은 해법을 찾을 수 있다는 열린
태도가 무엇보다 중요하다.

성공형 인간은 '유연한' 인간이다

미국 시티은행의 한 직원은, 현금 인출을 위해 고객들이 장시간 은
행창구 앞에서 줄을 서 기다려야 한다는 문제의 해결방법으로 '현

금자동지급기'의 설치를 건의했다.

현재는 현금자동지급기의 보급이 보편화되어 있지만, 당시 은행 경영진은 그 직원의 아이디어에 반대했다. 예금을 빠르게 하는 기계라면 몰라도, 출금을 빠르게 하는 기계를 도입하는 것은 결과적으로 돈이 빨리 빠져나가 전체 예금액이 줄어들 수밖에 없다는 논리였다. 그러나 현금자동지급기의 도입을 건의한 직원의 생각은 달랐다.

그는 빠르게 돈을 찾을 수 있는 편리한 은행에 고객들이 더 많은 돈을 입금하려 할 것이라고 생각했다. 결국 그의 생각은 옳았다. 현금자동지급기의 도입은 시티은행의 예금액을 단기간에 3배나 올려주었을 뿐만 아니라 창구직원의 수도 줄이는 일석이조의 성과를 올렸다.

이처럼 현금자동지급기가 현금을 빨리 지급하는 측면에만 관심을 기울일 것이 아니라 현금을 빨리 지급하는 서비스로 인해 늘어날 부가가치 차원에 눈을 돌리는 유연성이 무엇보다 필요하다.

당신의 사고는 긍정적인가? 개방적인가? 유연한가? 주변 사람에게 가끔 이런 질문으로 자신에 대한 평가를 구하는 것도 창의성을 녹슬지 않게 하기 위한 한 가지 지혜가 될 수 있을 것이다.

 04

평범한 삶보다는 특별한 삶을 선택하라

 **천재소년 존**

존이라는 소년이 있었다. 그는 늘 어리숙한 행동 때문에 동네 형들에게 놀림을 당했다. 형들은 존이 나타나면, "헤이 존, 이리와봐" 하고 불러서는 양 손바닥에 10원짜리 동전과 50원짜리 동전을 올려놓고 말했다.

"존, 네가 갖고 싶은 동전을 골라봐."

그러면 존은 항상 10원짜리 동전을 집어든다. 형들은 10원짜리가 50원짜리보다 더 크기 때문에 존이 항상 10원짜리를 고른다고 생각했다.

"저런 바보."

형들은 낄낄거리며 존을 놀려댔다. 이를 지켜보던 동네 어른이 어느
날, 존을 불러 타일렀다.

"얘야, 50원짜리 하나는 10원짜리 5개와 같은 거란다. 50원짜리 하나만
있으면 10원짜리 5개가 있는 것과 같아."

존은 빙그레 웃었다.

"저도 알아요. 하지만 제가 50원짜리를 선택하면, 그 순간 저는 용돈이
끊기거든요."

당신은 이런 사고를 할 수 있는가? 동네 형들은 존을 잘 안다고
생각하지만 사실은 존에 대해 전혀 알고 있지 못했다. 반면에 존은
동네 형들을 잘 모르는 체하지만 사실은 상대의 전략을 훤히 꿰뚫
고 있었다. 나는 상대를 아는데 상대는 나를 잘 모른다면 승패는 이
미 뻔하다. 상대보다 한 수 위에서 전략적으로 행동하는 창의적 사
고의 승리다.

단 한 줄의 자기소개서

2002년 LG오티스에 입사한 금창성씨는 백수대란의 시대에 200 대
1이 넘는 경쟁을 뚫고 취업에 성공한 행운아다. 더군다나 그는 일

류대 출신도 아니고 성적도 평범했으며 취업의 필수조건인 토익 시험점수도 없이 합격했으니 거의 기적과 같은 행운이었다고 말할 수 있다. 그는 어떻게 이런 행운을 잡을 수 있었을까? 회사 고위층에 탄탄한 연줄이 있어서? 천만에! 그는 자기소개서 한 장으로 면접관의 마음을 사로잡았다. "저는 어디에서든 살아남는 잡초 같은 사람입니다"라는 단 한 줄의 자기소개서로 말이다.

면접관들은 처음 이 어이없는 자기소개서를 보고 "입사시험을 장난으로 아느냐?"라며 심한 질책을 퍼부었다. 그러나 그는 흥분하거나 주눅이 드는 대신 한 줄의 자기소개서에 담겨 있는 나름대로의 인생철학을 당당하게 피력했다. 토익 점수가 왜 없느냐는 질문에는 "제가 바라는 업무에 외국어 실력이 필수조건은 아니라고 생각합니다. 필요하다면 입사 후 열심히 배우겠습니다"라고 대답했다.

또 "만일 당신이 일할 때 로비나 뒷거래가 일어난다면 어떻게 하겠느냐?"라는 질문에 대해 정직과 투명성이 중요하다고 원론적인 답을 한 다른 지원자와 달리 "회사 이익을 위해서는 로비가 필요하지만, 외부의 인맥을 활용한다면 로비보다 더 좋은 효과를 낼 수 있다"고 대답했다.

면접관들은 금씨의 유연하고 솔직한 대답에 높은 점수를 주었다. 이렇게 해서 LG오티스에 입사한 금씨는 10개월 만에 40억 원의 매출을 올리는 성과를 냈다. 자기소개서에 쓴 "어디서든 살아남는 잡초"의 경쟁력을 유감없이 보여준 것이다.

일류대학 출신도 아니고 토익 점수도 없는 사람이 3명 뽑는 입사 시험에 장난으로 응모하는 것이 아니라면, 당연히 다른 모든 지원자와 차별화되는 전략적 행동을 해야 하지 않았을까? 이와 비슷한 상황에서 당신이라면 어떤 행동을 취했을 것이라고 생각되는가?

연봉 게임에서의 합리적 선택

2002년 한일 월드컵 당시 한국과 이탈리아의 16강전 경기를 앞두고 직장에서 내기를 하는 장면을 가정해 보자. 1인당 1만 원씩 30명이 내기를 하는데, 승리팀을 맞춘 사람 수에 따라 내깃돈을 분배하기로 한다. 예를 들어 두 사람이 승리팀을 맞추었다면, 각각 15만 원을 가져가는 방식이다.

이 내기에서는 네 가지 유형의 반응이 나올 수 있다.

첫째, 무조건 한국의 승리에 돈을 거는 애국형 인간.

둘째, 한국에 돈을 거는 사람이 많으므로 거꾸로 이탈리아에 돈을 걸어 예측이 맞았을 경우 훨씬 높은 수익을 올리고자 하는 도박형 인간.

셋째, 이탈리아에 돈을 걸어 이탈리아가 승리하면 상금을 벌고,

한국이 이기면 돈은 잃는 대신 정신적 만족감을 얻고자 하는 포트폴리오형 인간.

넷째, 객관적인 실력비교를 통해 한국이 이길 것 같으면 한국에 걸고, 이탈리아가 이길 것 같으면 이탈리아에 거는 실적형 인간.

당신은 어느 유형에 속하는가? 1만 원 정도를 거는 내기라면 애국형 인간이 가장 많이 배출될 것이다. 그러나 만일 1인당 3,000만 원씩을 거는 초대형 내기라면 어떤 선택을 해야 할까? 1인당 3,000만 원의 돈은 가히 연봉 수준이라고 할 수 있으니, 이를 '연봉 게임'이라고 부르기로 하자.

연봉 게임에서 가장 합리적인 선택은 무엇인가? 아마도 실력에 따른 승부를 예측하는 실적형이 가장 일반적인 선택일 것이다.

그러나 선택하는 사람들이 가장 적은 쪽으로 승부를 거는 도박형의 전략도 생각해 볼 만한 선택 중 하나다. 도박형은 경쟁에서 꼭 승리해야겠다고 생각하는 사람들에겐 아주 매력적인 방법이 될 수 있다. 독자적인 브랜드를 조기에 확립하고 소수자의 독점적 이익을 향유할 수 있는 이섬이 있기 때문이다. 다음과 같은 사례들을 생각해 보자.

IMF 외환위기 이후 주가지수 200포인트대 폭락을 예언함으로써 한 동안 우리나라 경제의 저승사자라고 불렸던 스티브 마빈.

반(反)재벌 정서를 가진 사람이 압도적으로 많은 우리나라에서

'재벌의 나팔수'라고까지 평가받으면서도 기업 옹호에 앞장섰던 공병호 박사.

남을 비판하기 어려운 온정주의 문화 속에서 과감하게 실명비판의 기치를 내세워 내로라하는 사람들의 간담을 서늘케 한 강준만 교수.

국회의원 선서에 면바지 차림으로 등원해 이제는 그의 이름 석 자를 모르는 국민이 없을 정도로 유명해진 유시민 의원.

이들은 본인의 의도와는 관계없이 도박형 전략을 유효적절하게 사용함으로써 자신의 브랜드를 만들고 마케팅을 하는 데 탁월한 성과를 보였다. 그러나 도박형 전략은 뼈를 깎는 노력과 인내심이 뒷받침되지 않으면 지속되기 어려운 위험한 전략이기도 하다.

성공에 이르기까지 소수자가 겪어야 할 비난과 질시를 탄탄한 맷집으로 견디고 논리적으로 방어할 자신이 없다면 도박형 전략은 자칫 돈키호테적 사고로 매도되어 사회에서 매장될 수도 있다.

기대이익을 작게 갖고 무난하게 살아가는 평범한 인생을 택할 것인가, 아니면 시련과 고난을 감수하고 스케일 크게 살아가는 전략적인 인생을 살아갈 것인가? 선택은 각자의 몫이다.

05

1%의 영감은 99%의 노력에서 온다

목표가 확실한 사람은 아무리 거친 길 위에서도 앞으로 나아갈 수 있다.
목표가 없는 사람은 아무리 좋은 길이라 해도 앞으로 나아갈 수 없다.
— 토머스 칼라일

다용도 칼 제조업체인 코웰산업 박경한 사장은 1999년 다용도 칼
(일명 맥가이버 칼)에 손톱깎이를 달기 위해 고민을 거듭하고 있었다.
좁은 공간을 어떤 식으로 최대한 활용하느냐가 가장 큰 관건이었
다. 손톱을 자를 만한 적정한 힘도 가할 수 있이야 했다. 박 사장은
꿈 속에서 해답을 얻었다

"손톱깎이 개발에 몰두하다 보니 꿈 속에서 문득 디자인 아이디
어가 떠올랐습니다."

그는 자신도 모르게 잠자리를 박차고 일어나 곧바로 메모를 해

두었다. 이렇게 해서 일반적인 손톱깎이와는 전혀 다른 '다기능 손톱깎이'가 탄생했다.

미래산업의 정문술 사장이 최초로 도전한 제품은 '리드프레임 매거진'이라는 기구였다. 이 제품개발에는 고도의 정밀도와 내구력이 요구되었다. 몇 달에 걸쳐 온갖 시도를 해보았지만 좀처럼 성과가 나타나지 않았다. 모두가 그 일에만 매달리다 보니 기존의 납품거래처도 하나 둘씩 떨어져나갔다. 결국 엔지니어들도 지쳐버려 제품개발을 포기할 수밖에 없는 상황에까지 내몰렸다.

이처럼 어려운 난관에 봉착한 정문술 사장의 입에서도 짜증 섞인 푸념이 흘러나왔다. "에이, 빌어먹을…. 조립하지 않고 통째로 꽝꽝 찍어버렸으면 좋겠구먼!" 이 때 공고 출신 엔지니어인 백정규씨가 갑자기 자리에서 벌떡 일어나면서 외쳤다. "정말 그러면 되겠는데요! 금형으로 찍어버리는 겁니다!"

이렇게 탄생한 매우 정확하고 내구성도 높은 '리드프레임 매거진'은 3개월도 채 되지 않아 시장을 모두 장악했다.

기능공으로 입사해 여러 차례 '제안 왕'을 차지하고 일곱 번의 특진을 거듭한 끝에 경영전략본부 상무에 오른 금호그룹 윤생진씨.

그는 평사원 시절에 연간 2,000건의 개선 제안을 한다는 목표를 세웠다. 연간 2,000건이라면 월 167건, 일요일을 빼면 하루 평균 7건 정도의 제안을 해야 한다. 제안을 하기 위해선 먼저 문제점을 찾아야 하는데 바쁜 업무 중에 문제점을 찾아낸다는 것은 보통 어려운 일이 아니었다. 어떤 날은 공장 전체를 돌아도 제안거리를 단 한 개도 발견하지 못하기도 했다. 하루하루가 처음 계획했던 성과에 못 미치며 그렇게 지나가면서 윤생진씨의 마음은 점점 초조해졌다.

그러던 어느 날 머리를 식히기 위해 휴게실에서 잠시 들러 음료수를 마시면서 아무 생각 없이 주위를 둘러보다가 그는 깜짝 놀라 자리에서 벌떡 일어났다. 그의 눈에 수십 건의 제안거리가 한꺼번에 보였던 것이다.

그는 어디에서 무엇을 보았던 것일까? 그의 시야에 걸린 제안거리들은 품질분임조 현황판과 흑판에 적힌 내용이었다.

'공정에 안전사고 발생우려 있으니 주의하시오.'

'기계는 고장이 잦으니 사용시 자리를 뜨지 말 것.'

평소엔 너무 익숙한 것이라 별다른 주의를 기울이지 않았는데 이것이야말로 제안거리의 보고였던 것이다.

초등학교 학력으로 전국 최우수 명장에까지 올랐던 김규환씨는 대부분 일본에서 수입해 조립 생산하는 징밀가공품을 국산화하겠다는 생각으로 우리가 수입하는 품목 중 가장 비싸고 가장 정밀하다는 '하이스피드 어댑터'란 공작기계 부품 생산에 도전했다.

밤을 새우고 또 새우기를 몇 달. 하지만 그 일은 밤을 새우며 실험한다고 해서 되는 게 아니었다. 결정적인 가공방법 아이디어가 없었기 때문이다. 이처럼 자포자기한 상황에서 그는 처고모부가 돌아가셨다는 소식에 실험을 중단한 채 문상을 가게 됐다.

마당에서는 꽃상여가 막 출발하고 있었다. 상여 위에 한 아저씨가 흰 두루마기에 건을 쓰고 올라타서 종을 흔들며 "간다, 간다, 나는 간다" 하며 구성진 상엿소리를 내기 시작했다. 그러자 상여를 멘 사람들이 "어기, 어름차, 어허!"라고 화답했다. 상여에는 사람들이 어깨에 걸칠 수 있도록 긴 막대를 앞에서 뒤까지 양쪽으로 끼운 채 광목을 묶어놓았다. 그 때였다. 상여의 네번째 줄을 멘 아저씨의 어깨끈에 밀려 상여 아래 막대가 앞으로 뒤로 빙그르르 돌아갔다. 그 광경을 본 순간 그의 머리에는 무언가 번쩍 떠오르는 게 있었다.

'그렇다! 바로 어깨띠다!'

그는 얇고 큰 부품을 어깨띠처럼 감싸고 가공하는 방법을 개발해 동일 기종의 모든 부품을 국산화했고, 수입품보다 정밀하다는 평가를 받았다.

에디슨은 99%의 노력과 1%의 영감으로 발명이 이루어진다고 강조했다. 앞에서 소개한 사례들에서도 에디슨의 주장은 사실로 입증되는 듯하다. 그러나 좀더 정확히 말한다면 99%의 노력이 1%의 영감을 가져온다고 해야 할 것이다. 노력과 영감이 처음부터 함께 존재하는 것이 아니라 노력을 통해 영감이 만들어지고, 노력과 영감이 상호작용하면서 원하는 성과를 만들어내는 것이다.

아르키메데스도 부력의 크기에 대해 그렇게 골똘히 연구하지 않았다면 목욕탕에서 '유레카!' 라고 외치는 기쁨을 누릴 수 없었을 것이다. 또 뉴턴이 만유인력에 관심이 없었다면, 사과는 그냥 때가 무르익으면 지상으로 떨어지는 단순한 과일에 불과했을 것이다.

창조의 행운은 결코 우연하게 찾아오지 않는다. '진인사대천명(盡人事待天命)' 이라는 경구가 의미하는 것처럼, 인간이 할 수 있는 모든 것을 다한 뒤에 갑자기 들려오는 하늘의 명령처럼 '필연적 우연' 의 형태로 다가오는 것이다.

06

빠른 플라이급이 느린 헤비급을 이긴다

기다림은 짜증과 화를 불러온다.
기다리다가 지친 고객은 다른 서비스의 훌륭한 점은
아예 거들떠볼 생각도 안 한다.
– 켄 마이어스

중국 사마광의 유년시절 이야기다. 물이 가득 찬 항아리 위에서 놀던 한 아이가 그만 항아리 속에 빠지고 말았다. 어른들은 어찌할 바를 몰라 허둥대기만 했다. 사마광은 주저없이 돌로 항아리를 깨고 그 아이를 구했다.

이는 목숨이 경각에 달린 상황에서 신속한 결단이 얼마나 중요한지 잘 보여준다.

총을 가진 사람과 칼을 든 사람이 맞붙어 싸운다면 누가 이길까?

정답은 먼저 행동으로 옮기는 사람이 이긴다는 것이다. 광속에 가까운 빠르기로 움직이는 디지털 시대에 생각과 행동이 더디면 곧바로 낙오와 도태의 길로 빠져들 수밖에 없다.

성공형 인간은 속도형 인간이다

헤비급과 플라이급이 싸우면 누가 이길까?

'당연히 헤비급이지!' 라고 생각하기 쉬울 것이다. 그러나 누가 이길지는 싸워봐야 안다. 과거에는 무조건 헤비급이 이겼지만, 디지털 시대의 무한경쟁 상황에서는 사정이 다르다. 싸워보면 누가 이길까? 빠른 자가 이긴다.

세계 대기업의 인수·합병(M&A) 뉴스에 귀를 기울이던 문상혁씨는 엑슨과 모빌사의 합병설을 인터넷을 통해 접했다. 엑슨과 모빌이 공식 합병을 선언하기 1주일 전이었다.

그는 재빨리 도메인 등록기관인 인터닉(www.internic.net)에 'exxonmobil.com', 'exxon-mobil.com'의 주소를 등록했다. 등록에 들어간 비용은 140달러.

나중에 이 사실을 안 엑슨모빌은 도메인을 사들이기 위해 문씨에게 거액의 돈을 지불해야만 했다. 인터넷의 중요성을 일찍부터 파악하고 매일 한 시간가량 인터넷 탐험을 해왔던 문씨는 해외 대기업들의 M&A 붐이 일어날 것이라는 판단으로 관련정보를 찾다가 뜻밖의 기회를 얻었다.

남보다 먼저 도메인을 선점해 이를 필요로 하는 사람이나 기업에 되파는 도메인 헌터는 현대판 '봉이 김선달'로 불린다. 우리나라 최초의 도메인 헌터는 국내 기업의 영문 이름을 인터넷 주소로 대거 등록한 황의석씨. 그는 한때 재벌그룹 이름 40여 개, 기업 이름 200여 개, 브랜드 130여 개 등 모두 1,000여 개의 도메인을 갖고 있었다.

허를 찔린 기업들은 언론을 통해 황씨를 '도메인네임 매점매석꾼'으로 매도했지만 인터넷 시대에 도메인의 중요성조차 깨닫지 못한 기업들이야말로 '인터넷 원시인'이었다고 할 수 있다. 당시 국내 기업들은 자나 깨나 '세계화', '정보화'만이 살 길이라고 외치고 있었지만 실제 전투현장에서는 이처럼 스피드를 앞세운 인터넷 게릴라에게 속수무책으로 당하고 있었다.

인터넷의 발달로 정보가 광속으로 전달되는 디지털 시대에는 '스피드'가 최고의 경쟁무기다. 마이크로소프트의 빌 게이츠는 1980년대가 품질의 시대이고 1990년대가 리엔지니어링의 시대였다면 2000년대는 속도의 시대가 될 것이라고 예측한 바 있다. 그는 미래의 세계가 '생각의 속도', 즉 남보다 먼저 정보를 입수해 분석하고 신속하게 이용하는 데에서 비즈니스의 성패가 결정될 것이라고 강조했다.

화성 연쇄 살인사건을 소재로 한 영화 〈살인의 추억〉은 2003년 관객 500만 명을 동원하며 흥행돌풍을 일으켰다. 독특한 스릴러 영화로 평단과 객석을 동시에 열광시킨 이 작품은 싸이더스의 차승재 대표가 30초 만에 제작을 결정한 것으로도 유명하다.

이 영화를 감독한 34세의 봉준호 감독은 "시골 형사들이 나온다. 영구 미제사건이다. 범인은 없다. 인간적인 영화가 될 거다"라는 말만으로 차 대표를 설득했다고 한다. 봉 감독에 따르면 차 대표는 영화제작을 결정하는 데는 30초밖에 걸리지 않았지만, 저녁으로 무엇을 먹을 것인지 결정하는 데는 무려 30분이나 걸렸다고 한다.

창의성이란 기존의 것과는 다른 새로운 것을 내는 것만이 아니다. 1초가 다르게 새로운 아이디어가 생겨나고 하루가 다르게 새로운 제품이 나오는 상황에서는 남보다 한 발 앞설 수 있는 것만으로도 유력한 경쟁무기를 갖는 것이라고 할 수 있다.

한 가지 의문이 있을 수 있다.

빠르면 반드시 좋은가? 빨리 생각하고, 빨리 행동하다 보면 허점이나 실수가 생기지는 않을까? 물론 그런 일이 일어나지 않는다는 보장은 없다. 그러나 허점이나 실수로 인해 입는 손실은 늦게 시작해서 입는 손실에 비하면 아무것도 아니다. 고객의 요구는 내일까지인데 실제로 결과가 나오는 것은 다음 달이라면 노력을 아무리 들였어도 무용지물이 될 수밖에 없다. 그래서 제너럴 모터스의 CEO인 릭 왜거너는 다음과 같이 말한다.

"100% 옳고 느린 것보다는 80% 옳고 빠른 것이 낫다."

07

메모의 기술이 곧 성공의 기술이다

애석하게도 인생은 너무 짧고, 한 인간의 총명함은 오래 가지 못한다.

- 우경진

길을 가다가, 또는 일을 하다가 문득 기발한 아이디어가 떠오른다. 뭔가 좋은 일이 될 수 있겠다는 생각이 들어 메모를 해야겠다고 생각한다. 그러나 이내 다른 일이 생겨 깜빡 잊고 만다. 시간이 좀 지나 한가해지니 문득 좀선에 기발한 생각이 떠올랐던 것이 기억난다. 기억을 더듬어보지만 좀처럼 어떤 생각이었는지 알지 못한다.

누구나 이 같은 경험이 있을 것이다. 문득 떠오른 생각이 별 것 아니라고? 다음 몇 가지 사례를 살펴보자.

2002년 현대중공업이 2만 7,000여 명의 직원을 대상으로 실시한 개선·제안 실적평가에서 '제안왕'으로 뽑힌 권영배씨는 한햇동안 무려 901건의 각종 아이디어를 냈다. 하루 세 건 꼴로 제안을 내놓은 셈이다. 특히 그가 제안한 901건 모두가 채택돼 '100%의 채택률'을 기록했고, 제안 아이디어 전부가 곧바로 현장에 적용돼 '영양가 100% 제안왕'이라는 영예도 함께 부여받았다. 권씨를 제안왕으로 이끈 성공비결은 자신의 분신처럼 작업복 주머니에 꽂고 다니는 '현장 점검수첩.' 날마다 현장 구석구석을 찾아다니며 각종 장비의 이상 유무를 끊임없이 점검하고, 조금이라도 개선의 여지가 있으면 빠짐없이 점검수첩에 메모를 했다고 한다.

대한생명 송파지점의 전규열 고객서비스 과장. 그는 고객센터를 찾아오는 고객들에게 매일 사탕을 나눠주는 '캔디맨'이다. 그는 사탕이 입 안에서 녹는 동안 고객들로부터 회사에 대한 불만·불편사항을 듣는다. 단순히 불만을 듣는 데에 그치지 않고 일일이 수첩 등에 메모해 놓는다. 이를 회사 실정에 맞게 개선책으로 발전시켜 제안한다. 전 과장이 2002년 한햇동안 회사에 제안한 아이디어는 모두 60건. 아이디어로 정식 고안되지는 않았지만 수첩에 적어놓은 것까지 합하면 300여 건에 이른다. 하루 한 건씩 끊임없이 개선책을 내놓은 셈이다. 덕분에 그는 2002년 '제안왕' 으로 뽑혔다.

1996~2003년까지 8년 연속 '보험왕' 에 선정된 대한생명 수도법인 지점의 정태웅 팀장은 2002년에만 62억 원의 매출(수입보험료) 실적을 올려 6억 8,000만 원의 연봉을 받았다. 보험회사에 입사할 때 '주위에 돈이 많은 사람도 없고, 아는 사람도 많지 않으며, 성격이 내성적이라 말주변도 없다' 는 3대 불가론을 들었던 정 팀장은 '뛰어난 세일즈맨은 타고나는 것이 아니라 만들어진다' 는 신념을 굳게 믿고 있다. 1993년부터 보험설계사를 시작한 그는 고객의 관심사항을 파악하고 방문을 준비하기 위한 자료로 활용하는 메모장이 1만여 장에 달할 정도의 지독한 '메모광' 이다.

 ## 24시간 풀 가동되는 메모 습관

닭고기 프랜차이즈 BHC에 이어 커피 · 허브 복합점 후에버 등으로 창업 4년 만에 연간 매출액 1,000억 원의 대기업 대표이사가 된 프랜차이즈의 교과서 강성모 헤세드 사장. 그는 전용 승용차, 비서, 골프클럽도 없는 '3무(無) 사장' 이다. 대신 그의 재산목록 1호는 수첩이다. 메모광인 강 사장은 사무실에 있을 때나 길거리를 다닐 때나 눈에 들어오고 머리에 떠오르는 것들은 모두 수첩에 적어 놓는다.

집에서도 예외가 아니다. 거실·주방·침실·화장실 등에는 온통 메모장이 널려 있다. 잠자는 시간을 제외한 강 사장의 모든 일과는 늘 생각하고, 그 생각들을 메모하며 보낸다고 보면 된다. 이렇게 10년 동안 기록한 다이어리에서 그는 수십 개의 특허를 얻었다.

《월급만으로는 살 수 없다》,《나 인터넷에 가게 차렸어》,《대통령의 월급은 얼마일까?》,《여우같은 남(男) 늑대같은 여(女)》 등 기발한 제목의 베스트셀러들. 이들 책을 잇달아 출판해 화제를 모은 기획 에이전시 '책아책아'의 하현주 사장. 제목이 곧 기획이고 아이디어라고 생각하는 하 사장은 어디에서 무엇을 하든지 늘 수첩을 갖고 다니며 '아이디어 헌팅'을 한다. 일상생활에서 우연히 접한 좋은 제목을 메모해 두었다가 나중에 사용하는 경우가 많다. 《대통령의 월급은 얼마일까?》라는 책의 제목도 그녀의 아들이 어느 날 밥을 먹다가 막연히 던진 질문인데 '나중에 쓸 일이 있겠지' 하고 일단 메모를 해두었던 것이다.

이처럼 메모는 당신의 인생을 송두리째 바꿔놓을 수도 있다. 지금 당장 조그만 메모 수첩 한 권을 사서 볼펜과 함께 호주머니 속에 넣고 다니면 어떨까? 디지털 문화에 익숙하다면 PDA나 팜PC, 또는 휴대용 음성레코더를 하나 사서 틈틈이 떠오르는 아이디어를 모아놓는다면 성공에 한 걸음 더 다가설 수 있을 것이다.

 08

벼랑 끝에 내몰려본 자만이
날개를 펼 수 있다

IMF 외환위기 하에서 혹독한 시련을 겪은 기업으로는 정수기를 판매하는 웅진코웨이도 예외가 아니었다. 외환위기가 닥치면서 이 회사는 매출이 절반으로 떨어지고 매월 수십억 원의 적자를 내고 있었다. 직원들 사기도 극도로 저하되었으며 심지어는 대표이사가 사업을 이끌어갈 엄두를 내지 못한 채 취임하자마자 사표를 내는 최악의 상황까지 일어났다. 이런 상황에서 새로 취임한 박용선 대표는 난관을 헤쳐나가기 위해 고민에 고민을 거듭했다. 그러다가 '어차피 팔리지 않을 물건이라면 빌려주는 것은 어떨까' 라는 생각이 떠올랐다.

웅진코웨이의 정수기 렌털 사업은 이렇게 시작되었다. 그러나 초기에는 이 사업에 대해 회의적인 반응을 보이는 사람들이 많았다. 렌털 가격이 너무 낮아 중장기적인 관점에서라면 몰라도 당장의 급박한 문제에 대해서는 해결책이 되기 어려울 것이라는 의견이 지배적이었다. 그러나 박 대표는 사업전망에 대한 확신을 갖고 목표 달성을 위한 수단을 강구하는 데 전력을 기울였다. 그는 먼저 렌털 가격을 제품의 원가가 아니라 소비자의 구매력을 기준으로 결정, 일반가정에서도 부담 없이 구입할 수 있도록 하고 이에 맞춰 제품의 원가를 줄여나가는 역발상의 전략을 채택했다. 이와 함께 직원교육을 통해 고객에 대한 친절도를 높이고 고객만족도를 수시로 점검함으로써 좀더 나은 서비스를 제공하는 데 최선의 노력을 기울였다.

그 결과 렌털 정수기에 대한 수요가 폭발적으로 늘어나 5년 만에 회원 수가 200만 명에 이를 정도로 급성장했다. 정수기는 이제 부유층만 사용하는 고가품이 아닌 전체 가구의 30% 이상이 사용하는 보편적인 제품으로 자리잡았다.

웅진코웨이의 성공비결은 먼저 정수기라는 제품이 아닌 렌털이라는 서비스를 판다는 획기적인 발상의 전환과 역발상에 바탕한 창의적인 전략에 있었다. 이런 발상의 전환이 평상시라면 가능했을까?

　위기는 기회를 동반한다. 이 기회를 잘 포착하는 사람에게는, 위기는 성공에 이르는 길을 크게 단축시키는 지름길이 되기도 한다. 보통 때라면 리스크가 커서 거들떠보지도 않았을 아이디어를 더 이상 다른 대안이 없는 상황에 몰려 죽기 아니면 살기로 시도해 본 결과, 대박 아이디어로 거듭나게 되는 것이다. 아이디어란 그 자체로 성패가 결정되는 것이 아니다. 그 아이디어에 도전하는 사람의 열정의 깊이와 폭에 따라 실현 가능성이 크게 달라지는 셈이다. 즉 위기가 열정을 크게 증폭시키면서 성공 가능성을 높이는 것이라고 할 수 있다.

인터넷에 숨어 있는 성공 카드를 찾아라

오늘은 두 개의 내일보다 더 가치가 있다
– 벤저민 프랭클린

디지털 시대의 아이디어는 대부분 인터넷에서 구할 수 있다. 아이디어라는 것이 무엇인가? 파편처럼 널려 있는 수많은 정보와 지식을 새로운 방식으로 결합해 의미 있는 시너지 효과를 창출하는 원천이다.

과거에는 아이디어의 재료가 될 수 있는 정보와 지식 자체가 턱없이 부족했다. 따라서 많은 공부와 경험을 쌓아 자신의 내부에 정보와 지식을 깊이 축적한 사람만이 아이디어를 낼 수 있었다.

그러나 이제는 인터넷의 바다에 재료가 지천으로 깔려 있다. 어느 것이 진짜 보물이 될 재료인지 판별할 수 있는 눈이 필요하고, 재료에서 보물을 만들어내는 연금술이 필요하다.

30대의 나이에 출판사를 시작한 백승대씨. 그는 오프라인의 필자 대신 인터넷상의 아마추어 글쟁이들을 주목했다. 인터넷 글쟁이들은 자신이 살고 있는 시대를 가장 빠르고 솔직하게 반영할 수 있는 장점을 갖추고 있다고 판단했기 때문이다. 이렇게 해서 그가 처음 히트 상품으로 발굴한 작품은 나우누리에 연재되던 《엽기적인 그녀》였다. 이 책은 출간되자마자 입소문을 통해 세상에 알려지면서 15만 부 이상 팔려나갔고 영화로도 제작되었다. 이어서 오마이뉴스, 대자보, 서프라이즈 등의 사이트에서 인터넷 논객들을 발굴해 《노무현과 안티조선》, 《노무현을 부탁해》, 《테크노 폴리틱스》 등의 책을 펴냈다.

성적관리에 신경을 쓸 수밖에 없는 대학생들에게 보고서나 학술논문을 저렴하게 공급하면 좋은 반응을 얻을 수 있지 않을까? 대학생 리포트 사이트로 유명한 해피캠퍼스(www.happycampus.com)는 이 같은 소박한 질문에서 시작되었다. 유료 콘텐츠에 익숙지 않은 인터넷 환경 때문에 사업 초기에는 어려움이 많았지만 2년 만에 회원 수 100만 명, 연매출 30억 원이 넘는 알짜배기 기업으로 성장했다. 이제 일본 · 중국 시장으로의 진출도 넘보고 있다.

'니, 지금 뭘 제일 하고 싶노?', '소개팅이나 시켜주면 원이 없겠다' 등 사이트를 연 지 10개월 만에 회원 180만 명을 모은 온라인 미팅게임 캔디바(www.candybar.co.kr)는 이처럼 지극히 평범한 질문과 답변에서 시작되었다. 이런 질문을 던진 사람은 서울대 총학생회장을 지낸 경력의 소유자 허민 사장. 비운동권 출신으로 총학생회장에 당선된 허 사장은 재미없기로 유명한 서울대 축제에 DDR와 인기 가수를 끌어들여 화끈한 놀이마당을 연출했던 인물이다.

시작이 미약한 아이디어도 인터넷이라는 무한궤도에 올라타면 당사자도 전혀 예상치 못하는 장대한 결과를 낳는 경우가 많다.

e베이(eBay)는 1995년 프로그래머였던 피에르 오미디아르가 "인터넷 이용자들끼리 중고품을 쉽게 사고파는 사이트를 만들어보자"는 간단한 아이디어로 창업되었다. 처음에는 흑백 화면에 단 한 개의 그래픽만 있는 간단한 사이트로 시작했지만 사용자들이 몰리며 트래픽이 폭주했다. 호스팅 비용을 감당할 수 없게 된 오미디아르는·사용자 규모를 줄이기 위해 수수료를 받기 시작했다. 하지만 지속적으로 사용자가 늘어나면서 수익 또한 엄청나게 확장됐다. 현재 e베이에서는 전세계 1억 명 이상의 회원들이 거래를 하고 있으며 창업 8년 만인 2003년에 총매출 21억 6,000만 달러, 순이익 4억 4,000만 달러에 이르는 알짜 기업으로 성장했다.

아날로그 시대의 유물처럼 보이는 것들도 인터넷과 결합되면 새로운 모습으로 부활한다.

카이스트(KAIST)에서 경영정보공학 박사과정을 밟고 있던 김영삼씨는 인터넷 사업을 시작하려는 다른 연구실 동료에게 한국처럼 학연을 중시하는 사회에서 사람 모으는 데는 동창이 최고이니 "동창을 찾아주는 것이 어떻겠느냐?"는 아이디어를 내놓았지만 반응이 신통치 않았다. 그는 혼자서라도 한번 해보겠다는 결심으로 사업에 뛰어들었다. 이렇게 시작한 '아이러브스쿨'은 1999년 9월 개설된 이후 1년 만에 실명회원 500만 명을 돌파, 외국 업체로부터 500억 원에 이르는 투자제의를 받는 대박을 터뜨렸다. 누구도 예상치 못했던 아이러브스쿨의 성공은 오래 전에 헤어졌던 친구들을 만날 수 있다는 기대감과 함께 차가운 인터넷 공간에서 인간적인 따뜻함을 느낄 수 있게 해주었기 때문인 것으로 보인다.

이처럼 인터넷은 요술방망이를 간직한 보물창고다. 그러나 그 요술방망이를 찾기란 쉽지 않다. '이거다' 싶어 가보면 저 멀리 달아나고 주춤하면 또 저 멀리서 어렴풋이 보이는 신기루와도 같다. 신기루를 좇다 망가진 사람도 많다. 그러나 신기루의 끝에서 진짜 요술방망이를 발견할 수 있다면?

오늘도 인터넷에서는 이런 꿈을 가진 사람들의 발걸음으로 분주하다.

새로운 시대, 새로운 성공형 인간

2004년 4월 15일 총선을 기억하십니까?

유권자의 선택 당일까지 말도 많고 탈도 많았던 파란만장한 선거. 당신은 그 결과를 어떻게 받아들이셨습니까?

16년 만에 이루어진 여당 단독 과반수 의석 확보를 놓고 이제 국 정운영이 정상화될 수 있으리라는 기대감에 설레인 사람도 있었을 것이고, 여전히 뿌리 깊은 지역주의의 망령을 지켜보며 아직도 멀 었다는 실망을 느낀 사람도 있었을 듯합니다.

또는 보수적인 성향의 나이 든 사람은 온통 젊은 사람, 새로운 인물로 바뀐 국회의 면면을 살펴보며 불편한 심기를 감추지 못했을 지도 모릅니다.

필자 개인의 입장을 표현하자면, 이제 정말 옛 시대는 가고 새로운 물결이 밀려오고 있다는 벅찬 감격을 온몸으로 느낄 수 있었습니다.

비단 구시대 인물들이 무대에서 내려오고 새롭고 참신한 인물들이 대거 등장했다고만 해서 말씀드리는 것은 아닙니다. 어느 시대에나 늘 새로운 인물들은 나타나게 마련입니다. 과거에도 새로운 인물들은 항상 양념처럼 끼여 있었고 그들 또한 변화와 개혁을 외쳤습니다. 하지만 그들에게서 새로운 질서 창출을 위한 변화의 싹을 찾기에는 역부족이었습니다. 새로운 인물들이라고 하는 사람들이 조금만 지나면 블랙홀 같은 구질서 속에 빨려들어가 모두가 비슷한 모습으로 변해버리는 광경을 너무나 자주 볼 수 있었기 때문입니다.

그러나 이번 선거에서는 새로운 인물들이 새로운 질서와 함께 등장하는 모습이 눈에 선명하게 보입니다. 마치 새날이 밝으면서 찬란한 태양이 수평선 위로 떠오르듯이….

새로운 질서란 구체적으로 무엇일까요?

대략 다음과 같은 것들입니다.

- 학연·지연에 기댄 연줄사회가 무너지고 열정과 전문성에 바탕을 둔 실력사회가 도래한다.
- 변화에 적응할 수 없는 사람은 생존하기 어렵고 변화를 주도할 수 없는 사람은 리더가 될 수 없다.
- 권위주의 리더십이 무너지고 수평적 리더십이 각광을 받는다.
- 주어진 문제의 정답만을 찾는 좌뇌형 인간은 퇴조하고 문제가 무엇인지를 발견해 다양한 해답을 제시할 줄 아는 우뇌형 인간이 사회발전의 주역으로 떠오른다.
- 고객을 두려워하지 않는 사람은 더 이상 무대에 남아 있지 못한다.
- 투명하지 않은 사람은 더 이상 숨을 곳이 없다.

한 마디로 게임의 규칙과 시대가 요청하는 인재상이 완전히 바뀌고 있는 것입니다.

게임의 룰이 바뀌면 예전의 규칙에 따라 게임을 하는 사람은 성공하기 어렵습니다. 새롭게 바뀐 환경에서는 바뀐 규칙으로 승부를 해야 하는데 무지한 탓에, 또는 관성에 따라 기존 방식으로 게임을 하다 보면 자신도 모르는 사이에 실패자의 낙인이 찍히는 경우도 많습니다.

새로운 게임 규칙 하에서 어떻게 행동하면 성공 확률이 가장 높아지는지, 새로운 시대는 어떤 능력을 갖춘 인물을 필요로 하는지 한번쯤 진지하게 생각해 볼 필요가 있지 않을까요?

이 책은 이런 문제들을 함께 생각하고 토론해 보자는 취지에서 씌어졌습니다. 새로운 시대, 새로운 성공형 인간이 화두로 삼아야 할 다양한 키워드를 최대한 담고자 성심껏 노력을 기울였습니다. 독자 여러분의 많은 사랑과 질책을 바라마지 않으며, 이 책이 나오기까지 따뜻한 관심과 배려를 아끼지 않으셨던 모든 분에게 머리 숙여 깊은 감사를 드립니다.

2004년 6월

백 필 규

●

인생의 2막을 열어가는
성공형 인간

●

지은이 / 백필규
펴낸이 / 김경태
펴낸곳 / 한국경제신문 한경BP
등록 / 제 2-315(1967. 5. 15)
제1판 1쇄 인쇄 / 2004년 6월 20일
제1판 1쇄 발행 / 2004년 6월 25일
주소 / 서울특별시 중구 중림동 441
홈페이지 / http://bp.hankyung.com
전자우편 / bp@hankyung.com
기획출판팀 / 3604-553~6
영업마케팅팀 / 3604-561~2, 595
FAX / 3604-599

●

파본이나 잘못된 책은 바꿔 드립니다.
ISBN 89-475-2485-9

●

값 10,000원